WHEN HISTORY MEOWS

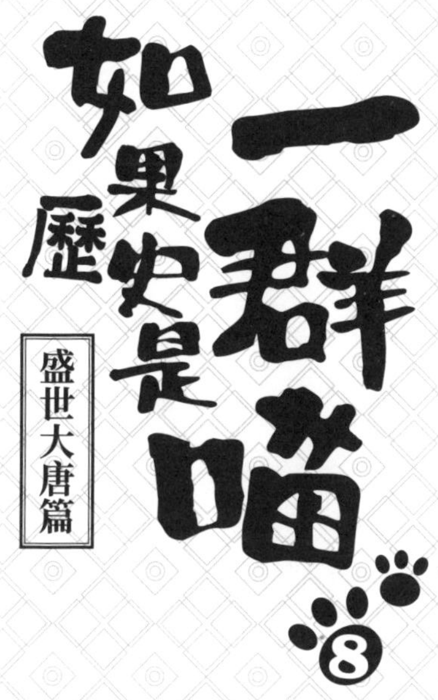

肥志 編繪

國家圖書館出版品預行編目 (CIP) 資料

如果歷史是一群喵 . 8, 盛世大唐篇 (萌貓漫畫學歷史)/ 肥志編 . 繪 . -- 初版 . -- 新北市 : 野人文化股份有限公司出版 : 遠足文化事業股份有限公司發行 , 2021.07
面； 公分
ISBN 978-986-384-558-4(平裝)

1. 中國史 2. 通俗史話 3. 漫畫

610.9 110009823

繪　者　肥志
編　者　肥志

野人文化股份有限公司
社　長　張瑩瑩
總編輯　蔡麗真
副主編　徐子涵
責任編輯　余文馨
行銷企畫　林麗紅
封面設計　林遠志　周家瑤
內頁排版　林遠志　許庭瑄　洪素貞

出　版　野人文化股份有限公司
發　行　遠足文化事業股份有限公司 (讀書共和國出版集團)
地址：231 新北市新店區民權路 108-2 號 9 樓
電話：（02）2218-1417　傳真：（02）8667-1065
電子信箱：service@bookrep.com.tw
網址：www.bookrep.com.tw
郵撥帳號：19504465 遠足文化事業股份有限公司
客服專線：0800-221-029
法律顧問　華洋法律事務所　蘇文生律師
印　製　凱林彩印股份有限公司
初版首刷　2021 年 07月
初版09刷　2023 年 11月

如果歷史是一群喵 (8)
線上讀者回函專用 QR CODE，您的寶貴意見，將是我們進步的最大動力。

野人文化官方網頁

歡迎團體訂購，另有優惠，請洽業務部（02）22181417 分機 1124

序

歡迎各位讀者朋友跟我們一起進入《如果歷史是一群喵》的第八卷「盛世大唐篇」。

在中華民族的歷史上，唐朝無疑是令人驕傲的存在。它是史學家們公認的世界性帝國，更是錢穆老師口中「遠超過世界其他一切以往的偉大國家」。而同一時期的歐洲，這會兒還掙扎在漫長而黑暗的中世紀裡。

然而，這樣一個盛世卻突然毀在了一個胖子手裡，以安祿山叛亂為分水嶺，唐朝在之後的一百多年裡一蹶不振，最終歪歪斜斜地走向了亡國的結局。

面對這個戛然而止的盛世，很多人還是「意難平」的，所以，大多數時候提到唐朝，只有貞觀之治、開元之治這些重點時刻，對唐的後半段則少有討論。

對於大唐的盛衰，我們還是很希望跟大家講清楚的。

實際上，安史之亂後的唐朝仍然是一個輝煌與黯淡並存的時代，既有曇花一現的中興，內部也有各式各樣的問題……相信大家也奇怪過，為什麼前期強大的唐朝會如此不堪一擊？難道沒人力狂瀾嗎？如果力挽狂瀾了，為什麼唐朝沒強盛回來呢？

而這些都是我們在第八卷裡試圖為大家解釋的問題。

為此，我們參考了《新唐書》、《舊唐書》、《資治通鑑》等史料，通過唐玄宗、安祿山、朱溫等人物，把唐朝由盛轉衰的過程呈現給大家，然後試著從藩鎮、宦官、黨爭等方面探討唐朝面臨的大難題。

希望通過這本書，能讓大家在輕鬆閱讀之餘對唐朝多一點了解，也再次衷心感謝各位朋友們的陪伴。

我們下回再見！

目錄

正文讀取順序從左往右，
對白、注釋以及編者按讀取順序從右往左。

第九十回 ◉ 先天政變

初唐，

是個文化發展、**開放**的時期。

樊樹志《國史概要》：
「唐朝前期充滿了文化寬容精神……當時奉行立足於我、夷為我用的文化開放政策，在繼承傳統文化的基礎上，大量吸收外來文化，為唐文化提供了融合的廣度與深度。」

可自**女皇**武則天喵**稱帝**後，

《舊唐書．卷六》：
「則天皇后武氏，諱曌……（690年）九月九日壬午，革唐命，改國號為周。改元為天授……加尊號曰聖神皇帝……」

女性便開始站到了**歷史**舞台前來。

楊志玖《隋唐五代史綱要》：
「武曌的主要貢獻在於打破關隴貴族在政治方面的壟斷……同時，以女性作（做）皇帝，對於封建時代男尊女卑的夫權統治制度也是一個鉅（巨）大的革命。」

隨後出現的**韋皇后專權**，

更是徹底**激化**了外戚與李唐宗室間的**矛盾**。

范文瀾《中國通史》：

「（705年）韋皇后和武三思勾結，形成武、韋二家外戚合作的腐朽集團……獨占了全部政權。」

《舊唐書．卷一〇一》：

「（相王李旦）在阿韋之時，危亡是懼，常切齒於群凶。」

最終，這場鬥爭以**李唐宗室**獲勝，

《舊唐書．卷七》：

「景龍四年（710年）夏六月……庚子夜，臨淄王諱舉兵誅諸韋、武，皆梟首於安福門外，韋太后為亂兵所殺。」

李氏一族**重新奪回**大唐政權。

范文瀾《中國通史》：

「韋家派全部消滅，武家派基本消滅了。太平公主出面，恢復唐睿宗的帝位。」

而這也讓**一個喵**莫名其妙地**當上**了皇帝，

《新唐書．卷五》：
「景雲元年（710年）六月……甲辰，安國相王即皇帝位於承天門，大赦……」

他就是**睿宗喵**。

《舊唐書．卷七》：
「睿宗玄真大聖大興孝皇帝，諱旦，高宗第八子……」「景龍四年夏六月……（睿宗）即皇帝位，御承天門樓，大赦天下……」

是的，睿宗喵是真的**「莫名其妙」**。

因為在他**收到消息**時，

政變……已經**成功**了……

《舊唐書．卷八》：「韋庶人惶惑走入飛騎營，為亂兵所害。於是分遣誅韋氏之黨，比明，內外討捕，皆斬之。乃馳謁睿宗，謝不先啟請之罪。」

不過這次我們要聊的不是他，

而是通過**政變**送他上位的**兩個喵**。

白壽彝《中國通史》：「（平王）誅滅韋武集團，擁戴父王復位……」

王仲犖《隋唐五代史》：「她曾經參與推翻韋后的事件，繼而主張廢重茂立睿宗……」

一個是他的**妹妹太平喵**，

王仲犖《隋唐五代史》：

「……武則天的獨生女，睿宗的胞妹太平公主。」

另一個，則是他的**兒子李隆基喵**。

《新唐書．卷五》：

「……隆基，睿宗第三子也。」

太平喵和隆基喵都因**擁立**有功，

而**獲得**了巨大**權力**。

傅樂成《中國通史》：

「他（李隆基）便與太平公主及公主子衛尉卿薛崇簡、苑總監鐘紹京、前朝邑尉劉幽求等密謀發動政變……政變成功後……唐（睿）宗復位，改元景雲，立隆基為太子。太平公主的權勢也日見增大……」

太平喵**權傾朝野**，

《舊唐書．卷一八三》：

「（太平）公主頻著大勳，益尊重……每入奏事，坐語移時，所言皆聽。薦人或驟歷清職，或至南北衙將相，權移人主。軍國大政，事必參決，如不朝謁，則宰臣就第議其可否。」

隆基喵則成為了**皇太子**。

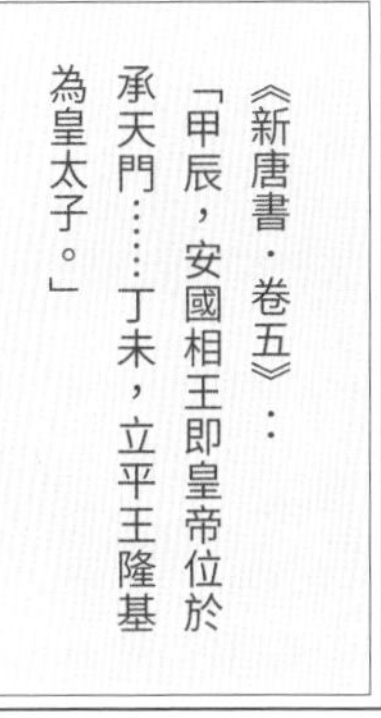

《新唐書．卷五》：

「甲辰，安國相王即皇帝位於承天門……丁未，立平王隆基為皇太子。」

說起隆基喵，

少年時期是比較**悲情**的。

許道勳、趙克堯《唐玄宗傳》：

「隆基青少年時代的生活道路是不平坦的。」

他爹是女皇武則天的**小兒子**，

朱紹侯《中國古代史》：
「武則天……四子李旦。」

曾經莫名其妙地被拉上去**當過皇帝**……

《新唐書．卷五》：
「睿宗玄真大聖大興孝皇帝諱旦……徙封相王，復封豫王。武后廢中宗，立為皇帝……」

呃……但沒多久就**被踹**了。

《舊唐書．卷七》：
「嗣聖元年（684年），則天臨朝，廢中宗為廬陵王，立豫王為皇帝，仍臨朝稱制。及革命（690年），改國號為周，降帝為皇嗣……」

他**老媽**也因為**被誣陷**，

《新唐書·卷七十六》：
「睿宗昭成順聖皇后竇氏……帝為相王，納為孺人；即位，進德妃。生玄宗（李隆基）……」
《資治通鑑·卷二〇五》：
「長壽二年（693年）……戶婢團兒為太後所寵信，有憾於皇嗣（睿宗），乃譖皇嗣妃劉氏、德妃竇氏為厭咒。」

被處死。

《資治通鑑·卷二〇五》：
「妃與德妃朝太后於嘉豫殿，既退，同時殺之，瘞於宮中，莫知所在。」

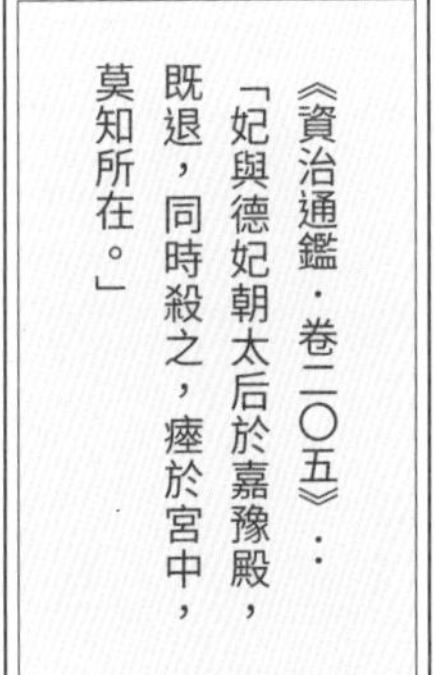

長大後又遇到自己的伯母**韋皇后專政**，

《舊唐書·卷七》：
「睿宗玄真大聖大興孝皇帝，諱旦，高宗第八子，中宗母弟。」
白壽彝《中國通史》：
「出於中宗庸庸碌碌，無所作為，他的皇后韋氏就乘機參與政事，妄圖效法武則天，獨掌政權。」

一心總是想著**幹掉他們**一家……

《舊唐書．卷七》：

「景龍四年夏六月，中宗崩，韋庶人臨朝，引用其黨，分握政柄，忌帝（睿宗）望實素高，潛謀危害。」

許道勳、趙克堯《唐玄宗傳》：

「（韋后）對相王諸子存有戒心，用外任方式加以防範。」

可以說整個少年時期，

都是在女性**干政**的**陰影**中度過的，

許道勳、趙克堯《唐玄宗傳》：

「對於隆基來說，武周『革命』所造成的急劇變動，不能不在他幼小的心靈裡留下陰影。」

「二十一歲的李隆基……曾對伯父中宗寄予希望，不久，看到的卻是韋后專權的腐敗局面。」

這使得他非常**厭惡**這種局面。

蒙曼《唐明皇》：

「（李隆基）深知女性政治才華所能帶來的問題，這使得他在和這類女性打交道時難免有防範之心。」

幸好經過**鬥爭**，
如今政權已經**回到**李家手裡。

白壽彝《中國通史》：「（李隆基）聯合太平公主，發動政變，殺韋后與安樂公主。太平公主又迫使殤帝讓位於相王，恢復了睿宗的帝位，李隆基被立為太子。」

老爹又**再次**當上**皇帝**，

《資治通鑑．卷二〇九》：「景雲元年（710年）……睿宗即位，御承天門，赦天下。」

而且還啥事都要**詢問他**……

和他姑姑**太平喵**……的意見。

《資治通鑑・卷二〇九》：
「每宰相奏事，上（睿宗）輒問：『嘗與太平議否？』又問：『與三郎議否？』然後可之。三郎，謂太子也。」

呃……這下就**尷尬**了。

作為朝廷裡**最有權力**的兩個喵，

白壽彝《中國通史》：
「平王（李隆基）在朝廷中驟然提高了政治地位，在他的周圍逐漸聚集了一股較強的政治勢力……（太平公主）為恢復睿宗帝位出過力，因此睿宗對她有言必從。」

隆基喵和太平喵一起抗爭時是**隊友**，

姑姑年紀這麼大了，不如早點回去歇息吧。
沒事！你還小，我得幫著點！

《新唐書・卷八十三》：「玄宗將誅韋氏，主（太平公主）與秘計，遣子崇簡從。」

許道勳、趙克堯《唐玄宗傳》：「隆基與姑母的關係本來是和好的……在六月政變（唐隆政變）過程中，彼此支持，相互配合。」

仗打完了也就**無法容納**對方了。

沒必要！快回去！
臭小鬼！識趣點！

白壽彝《中國通史》：「太子李隆基不願任人擺布，必然與太平公主發生矛盾。太平公主為了鞏固自己的地位，也把李隆基視為最主要的敵人。」

於是乎，一場姑姪之間的爭鬥正式展開。

張豈之《中國歷史・隋唐遼宋金卷》：「更嚴重的爭鬥，很快在李隆基和太平公主間展開。」

從隆基喵的角度看，
雖然**功勞大**……

《新唐書．卷五》：「臨淄郡王隆基率萬騎兵入北軍討亂，誅韋氏、安樂公主及韋巨源、馬秦客、駙馬都尉武延秀、光祿少卿楊均。」

但……排行**老三**。

許道勳、趙克堯《唐玄宗傳》：「隆基有眾多的同父異母的哥哥與弟弟，他本人排行第三。」

在古代**嫡長子**繼承制裡，
只有嫡長子才可以**繼承皇位**。

許道勳、趙克堯《唐玄宗傳》：「成器是睿宗的嫡長子……按照傳統的嫡長制繼承法，皇太子理應是成器。」

所以，姑姑太平喵抓著這一點就到處**「舞」***。

《資治通鑑．卷二一〇》：「景雲元年（710年）……太平公主以太子年少，意頗易之；既而憚其英武，欲更擇暗弱者立之以久其權。數為流言，云『太子非長，不當立。』」

* 到處舞：指到處搬弄是非。

她不僅跟**大臣們**說，

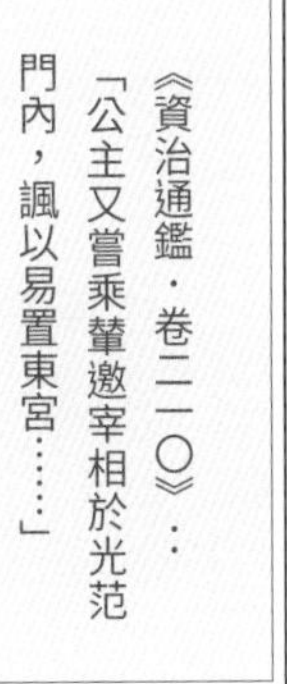

《資治通鑑．卷二一〇》：「公主又嘗乘輦邀宰相於光范門內，諷以易置東宮……」

哪有老三上位的，你說是吧？

還跟**睿宗喵**說。

《資治通鑑．卷二一〇》：「公主每覘伺太子所為，纖介必聞於上……」

哥你可要當心啦，你家老三心眼多得很啊……

這搞得睿宗喵後來**雖然傳位**給隆基喵……

好的父皇！
兒子！好好幹！今天起你就是皇帝了！
唐

《舊唐書．卷七》：「（景雲）三年（712年）……八月庚子，帝（睿宗）傳位於皇太子，自稱太上皇帝……」

權力卻**沒有全給**他……

不過……你還年輕……
一些大事還是我來決定吧！

《資治通鑑．卷二一〇》：「太平公主勸上（睿宗）雖傳位，猶宜自總大政……八月，庚子，玄宗即位，尊睿宗為太上皇……三品以上除授及大刑政決於上皇，餘皆決於皇帝。」

隆基喵這皇帝當得真**尷尬**呀！

白壽彝《中國通史》：「退為太上皇的睿宗仍『自總大政』……玄宗雖即帝位卻未能全面掌握國政……」

不僅如此，

太平喵還大力**提拔**自己的**文官**集團。

《資治通鑑．卷二一〇》：
「先天元年（712年）……是時，宰相多太平公主之黨……」

七個宰相，

就有**五個**是她的勢力……

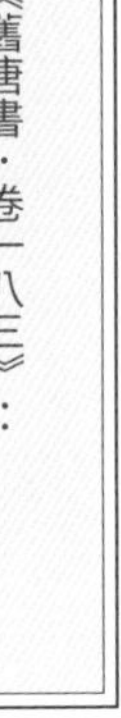
《舊唐書．卷一八三》：
「其時宰相七人，五出公主門……」

隆基喵也曾嘗試**奮力反擊**，

《資治通鑑．卷二一〇》：
「先天元年……劉幽求與右羽林將軍張暐謀以羽林兵誅之（太平公主），使暐密言於上（李隆基）……上深以為然。」

可因**操作不當**，

搞得連**武官**集團都**靠到太平喵**那邊去。

《資治通鑑．卷二一〇》：
「暐泄其謀於侍御史鄧光賓……癸亥，流幽求於封州，張暐於峰州，光賓於繡州。」
許道勳、趙克堯《唐玄宗傳》：
「自劉幽求和張暐被貶流之後，太平公主收買了左羽林大將軍常元楷和知右羽林將軍事李慈。」

這下隆基喵可就**危險**了……

白壽彝《中國通史》：
「開元元年（713）……太平公主公然提出要廢掉玄宗……後又密謀定於七月四日發動政變。」

一場**生死的抉擇**擺在了他面前。

《舊唐書．卷一八三》：
「公主懼玄宗英武，乃連結將相，專謀異計。」
《資治通鑑．卷二一〇》：
「開元元年……秋，七月，魏知古告公主欲以是月四日作亂，令元楷、慈以羽林兵突入武德殿，懷貞、至忠、羲等於南牙舉兵應之。」

最終，**退無可退**的隆基喵只能選擇最**直接**的方式，

《新唐書．卷八十三》：
「（李隆基）得其奸，召岐王、薛王、兵部尚書郭元振、將軍王毛仲、殿中少監姜皎、中書侍郎王琚、吏部侍郎崔日用定策。」

這就是**政變**。

《資治通鑑．卷二一〇》：
「上（李隆基）乃與岐王範、薛王業、郭元振及龍武將軍王毛仲、殿中少監姜皎、太仆少卿李令問、尚乘奉御王守一、內給事高力士、果毅李守德等定計誅之。」

西元713年，隆基喵**率兵入宮**，

《資治通鑑・卷二一〇》：「開元元年……上因王毛仲取閑廄馬及兵三百餘人，與同謀十餘人，自武德殿入虔化門……」

先是當場砍**殺**太平喵的軍事**將領**，

《資治通鑑・卷二一〇》：「左羽林大將軍常元楷、知右羽林將軍事李慈……元楷、慈數往來主（太平公主）第，相與結謀。」「（李隆基）召元楷、慈，先斬之……」

接著又將**文官**頭目紛紛**處死**。

《資治通鑑・卷二一〇》：「（李隆基）擒膺福、猷於內客省以出，執至忠、羲於朝堂，皆斬之。」

一路**大開殺戒**，

《舊唐書．卷一八三》：
「先天二年（713年）七月，玄宗在武德殿，事漸危逼，乃勒兵誅其黨竇懷貞、蕭至忠、岑義等……」

直至將太平喵所有的**勢力屠戮殆盡**為止。

白壽彝《中國通史》：
「先天二年（713）七月，玄宗盡殺太平公主同黨……」

這就是歷史上著名的**先天政變**。

蒙曼《唐明皇》：
「……逃亡的太平公主也自縊而死，整個政變大功告成。隨著這場驚心動魄的先天政變的結束，唐朝的二元政治局面終於結束了。」

通過此次政變，

太平喵苦心經營的**勢力**被全面**瓦解**，

《資治通鑑·卷二一〇》：

「時窮治公主枝黨，當坐者眾……百官素為公主所善及惡之者，或黜或陟……」

范文瀾《中國通史》：

「七一三年（開元元年），唐玄宗殺太平公主及重要徒黨數十人，其餘徒黨一概黜逐出朝。」

最終黯然**退出**歷史**舞台**，

《舊唐書·卷一八三》：

「（太平）公主遽入山寺，數日方出，賜死於家。公主諸子及黨與死者數十人。」

而隆基喵則正式**接管**整個大唐**帝國**。

白壽彝《中國通史》：

「（李隆基）七月三日率羽林軍襲殺了太平公主的黨羽……太上皇睿宗遂退居百福殿，『高居無為』。至此，朝廷軍國大政才真正轉移到玄宗手裡。」

政變的完成，
標誌著從武則天時代開始的後宮**干政**現象的**終結**。

傅樂成《中國通史》：
「從武曌以來五十餘年唐室婦女干政的潮流，至此告一結束。」

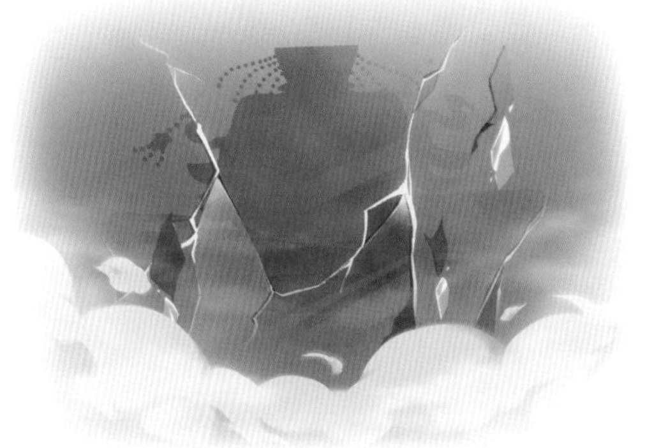

李唐皇朝也正式進入了**政權穩定**的時代，

朱紹侯《中國古代史》：
「太平公主亦被賜死於家……至此，武則天下台後動蕩的局面才穩定下來。」

那麼，隆基喵將**如何治理**這個國家呢？

（且聽下回分解。）

編者按

先天政變不僅僅是李隆基與太平公主兩人的對決，更是當時新舊勢力的對決。前者代表的是想要革除前朝弊政的革新派，後者代表的是想要維持現狀的守舊派。雖然太平公主數次維護了李唐的統治，但她不僅在政治上毫無建樹，後來為了擴大自己的權力，還不惜拉攏韋后時期得勢的奸臣，甚至提議恢復了被罷免的買官者的職位，讓朝政再次陷入混亂。而同樣親歷多次政變的李隆基，卻決心復興李唐，終止動蕩的局面。這樣的區別讓他們走向了不同的結局。先天政變的結束，標誌著以李隆基為首的新勢力的勝出，唐朝政局由此從不安定轉為安定。唐朝在李隆基的統治下，逐漸回到正軌，開始向新的局面發展。

參考來源：《舊唐書》、《新唐書》、《資治通鑑》、蒙曼《唐明皇》、樊樹志《國史概要》、許道勳和趙克堯《唐玄宗傳》、白壽彝《中國通史》、范文瀾《中國通史》、傅樂成《中國通史》、朱紹侯《中國古代史》、王仲犖《隋唐五代史》、楊志玖《隋唐五代史綱要》、張豈之《中國歷史・隋唐遼宋金卷》

【逃過一劫】

太平公主曾收買李隆基的婢女，
要毒死李隆基。
好在李隆基搶先一步下手，
這才保住了小命。

【晚了一步】

太平公主原本打算發動政變
扳倒李隆基，
但計劃不小心洩漏出去，
提前一天被李隆基「團滅」了。

【運動健將】

李隆基年輕時曾參加
與吐蕃的馬球比賽，
帶著三個人把對方十個人
打得滿地找牙 ，
連吐蕃的官員都不得不服他。

饅頭小劇場

《剝大蒜》

《吵架》

饅頭
天蠍座
生日：10月31日
身高：168公分
喜歡的中式菜餚：紅燒肉
喜歡的動物：大象
(饅頭擬人介紹)

饅頭的水晶球

Mantou's crystal ball

第九十一回◉開元之治

自女皇武則天**被迫退位**開始，

《舊唐書・卷六》：

「神龍元年（705年）春正月……皇太子率左右羽林軍桓彥範、敬暉等，以羽林兵入禁中誅之。甲辰，皇太子監國，總統萬機，大赦天下。是日，上（武則天）傳皇帝位於皇太子……」

短短**八年間**，

唐政權就經歷了**四任皇帝**的更換。

翦伯讚《中國史綱要》：

「從神龍元年張柬之推翻武則天起，到開元元年（713年）太平公主謀廢玄宗止，前後不過八年半的時間，政變就發生了七次，皇帝就更換四次，政局極為動蕩不安。」

皇室內部不僅**矛盾激烈**，

許道勳、趙克堯《唐玄宗傳》：

「從神龍元年（公元705年）正月至先天二年（公元713年）七月……李唐王室確實是多災多難……皇帝換了四個，還有不少人蠢蠢欲動，覬覦皇位；弒殺與叛亂交替，禍變接連不絕。」

政治環境也非常**混亂**。

趙德馨《中國經濟通史》：「中宗、睿宗執政的七八年（705—712）間，政出多門，政局混亂，政變迭起。」

最終，在經歷**先天政變**之後，
政權才塵埃落定。

許道勳、趙克堯《唐玄宗傳》：「（713年）七月三日事變（先天政變）是政局由不安定到安定的轉折點……標誌著政局安定的開始。」

大唐也迎來了它新的**掌舵者**，

《舊唐書．卷八》：「……睿宗第三子也，母曰昭成順聖皇后竇氏。垂拱元年（685年）秋八月戊寅，生於東都。」

這就是**唐玄宗**李隆基喵。

《舊唐書・卷八》：
「玄宗至道大聖大明孝皇帝諱隆基……性英斷多藝，尤知音律，善八分書。儀範偉麗，有非常之表。」

隆基喵可是在**混亂**時代裡爬上來的**苦孩子**，

《新唐書・卷一六五》：
「玄宗少歷屯險，更民間疾苦……」
許道勳、趙克堯《唐玄宗傳》：
「隆基青少年時代的生活道路是不平坦的。」

小時候就因**政權鬥爭**被**軟禁**過，

《資治通鑑・卷二〇四》：
「天授二年（691年）……睿宗諸子皆幽閉宮中，不出門庭者十餘年。」
許道勳、趙克堯《唐玄宗傳》：
「女皇武則天為了防範這些郡王的活動……把他們幽閉於深宮。」

這使他非常**嚮往**自己**先祖**開創的**治世**。

白壽彝《中國通史》：
「貞觀時期（627—649），由於唐太宗的勵精圖治，政治清明……國勢極為強盛，出現了歷史上艷稱的『貞觀之治』。」
許道勳、趙克堯《唐玄宗傳》：
「唐高祖創業的情景似乎太遙遠，沒有給李隆基留下多少的追念。而在他心目中，楷模則是曾祖父唐太宗。」

所以，如今成為皇帝的他，
目標便是**「振興大唐」**！

許道勳、趙克堯《唐玄宗傳》：
「復興李唐，無疑是李隆基的抱負。」
白壽彝《中國通史》：
「開元年間（713—741），玄宗在政治上很有作為，他勤於政事，從各方面採取措施，鞏固發展了唐朝政權。」

但是……這個**任務**好完成嗎？

呃……簡直**難透了**……

傅樂成《中國通史》：

「自高宗以降，經武后中宗，六十年間，唐的政治日趨敗壞……形成奢淫貪縱的風氣……韋后安樂公主等的賣官，因而形成官多的現象……因官多而且貪縱成風，必然的造成經濟上的紊亂與財政上的危機。」

首先就是**錢**的問題，

崔瑞德《劍橋中國隋唐史》：

「中宗在位的後半期和睿宗時期起遺留下來的弊病……是國家的財政資源不足、收入減少和缺乏儲備積累。」

在他**前幾任**皇帝時期，

賞官和**賣官**的情況非常**嚴重**，

傅樂成《中國通史》

「高宗武后時官賞之濫……到中宗韋后時，更變本加厲……」

《新唐書．卷一一二》

「神龍以來，綱紀大壞，內寵專命，外變制權，因貴憑勢，賣官鬻爵。妃主之門同商賈然，舉選之署若闤闠然，屠販者由邪忝官，廢黜者因奸冒進。」

這就導致國家**多了**很多**官員**。

軍事科學院《中國軍事通史》：「武周以來所置的員外官、試官及斜封官等數千人。」

你要知道，這些官都是要**給薪水**的……

崔瑞德《劍橋中國隋唐史》：「中宗朝因受賄而任命大批冗員……使中央政府龐大臃腫，給支付官俸的當局添加巨大的財政負擔。」

所以光薪水就是**天文數字**！

朱紹侯《中國古代史》：「（韋皇后）把持政柄，大肆賣官。所置員外、同正、試、攝、檢校、判、知等官泛濫，多達數千人，造成政府開支急劇增加。」

薪水來自**國家財政**，

王仲犖《隋唐五代史》：「唐政府的龐大官僚機構，又需要支出數目浩大的行政費用。」

也就是找**農民收稅**。

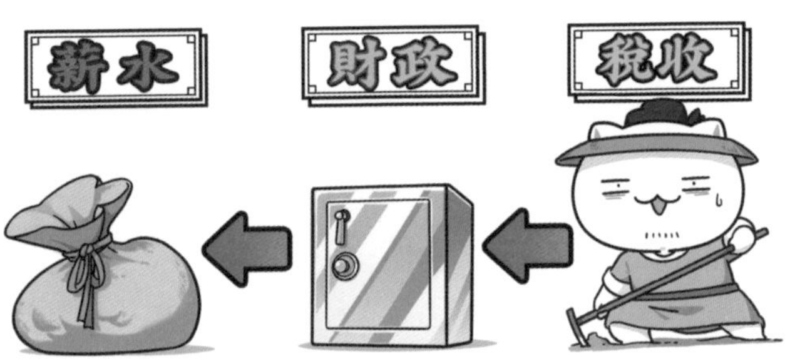

王仲犖《隋唐五代史》：「（唐朝）賦役負擔更偏壓在農民的頭上。」

可**當時**的大唐存在著很多**食封貴族**，

張豈之《中國歷史．隋唐遼宋金卷》：「開始時（唐初）封主不過二、三十家，封戶最多的千餘戶；到玄宗時封主已達 140 餘家，封戶最多的達萬戶以上。」

例如食封**一百戶**，

張岦之《中國歷史·隋唐遼宋金卷》：
「唐初以來，凡『食實封』的貴族由國家照實封戶數把課戶撥給封主，租調（稅收）由封主自己徵收。」

就是**一百戶**農民的**稅收上交**給這個貴族。

那個**年代**裡，
鬧個**旱災**啥的都是**常事**。

崔瑞德《劍橋中國隋唐史》：
「706年發生了一次嚴重的旱災……712年春長期乾旱，另一次在夏初……714年又有一次嚴重乾旱。」

貴族們就經常在**農民們**因天災

無法交稅時放**「高利貸」**。

翦伯讚《中國史綱要》：

「農民收獲以後，除去賦稅、口糧、籽種和其他生產費用，所剩還不足以應付天災人禍……不得不典田賣地……落入地主富戶高利貸的羅網。」

農民一**還不起**，**土地**就被貴族**收走**。

翦伯讚《中國史綱要》：

「地主以低價典進農民的土地……如果農民無力償還，他們就可以長期占有農民的田地。」

還不起錢？拿土地抵押吧！

天哪！

久而久之，**農民**越來越**無地可種**，

唐長孺《魏晉南北朝隋唐史講義》：

「在地主、高利貸者進行土地兼併的情況下，均田農民的土地就保不住了……他們只好出賣自己的土地，逃亡外地……從高宗在位以來，愈來愈嚴重。」

國家**財政收入**自然**越來越少**。

白壽彝《中國通史》：

「失掉土地的農民背井離鄉……這樣既影響了國家租庸調的正常收入，又給農業生產帶來了不安定的因素。」

光聽起來……就很**頭痛**啊！

張豈之《中國歷史．隋唐遼宋金卷》：

「至玄宗在位時……土地兼併不僅造成嚴重的貧富分化，使大批農民喪失土地，流庸無依，而且影響政府的賦稅收入以及社會秩序的穩定。」

面對這樣的**狀況**，
隆基喵從**兩方面**下手。

首先就是**「省」**！

白壽彝《中國通史》：「玄宗還反對奢靡，提倡節儉。」

無論是誰，都**不准**亂花錢。

不准買買買！

誰買剁誰手！

《資治通鑑．卷二一一》：「開元二年（714年）……敕：『百官所服帶及酒器、馬銜、鐙，三品以上，聽飾以玉，四品以金，五品以銀，自餘皆禁之；婦人服飾從其夫、子。其舊成錦繡，聽染為皁。自今天下更毋得采珠玉，織錦繡等物……』」

他甚至把宮中漂亮的**錦繡**給**燒了**。

《資治通鑑．卷二一一》：「開元二年（714年）……上（玄宗）以風俗奢靡，秋，七月，乙未，制：『乘輿服御、金銀器玩，宜令有司銷毀，以供軍國之用；其珠玉、錦繡，焚於殿前；后妃以下，皆毋得服珠玉錦繡。』」

接著是**「炒」**！

白壽彝《中國通史》：

「唐中宗以來，銓選制度十分紊亂，王妃、公主與權戚不僅賣官鬻爵，而且不經吏部大搞『斜封官』，請托之風日盛，致使員外、試、檢校等官名目繁多，冗官濫吏充斥官府。」

朝廷不是**官員太多**嗎？

那些**買來**的全**炒**了。

《通典．卷十九》：

「開元二年（714年）……玄宗御極，宰相姚元崇、宋璟兼吏部尚書，大革姦濫，十去其九……下詔曰：『諸緣斜封、別敕授官，先令停任，宜並量材敘用。』」

中央和**地方**的官員還要**「交換學習」**，

《資治通鑑．卷二一一》：

「開元二年（714年）……春，正月，壬申，制：『官有才識者除都督、刺史，都督、刺史有政跡者除京官，使出入常均，永為恆式。』」

以保證工作**效率**。

傅樂成《中國通史》：

「玄宗對吏治甚為講求，他下令加強而且嚴格執行官吏的考選辦法；並經常以有才識的京官外放為都督刺史，又以有績效的地方官調京任用，來增加他們的行政經驗和辦事能力。」

而**農業**時代，種田才是**「真理」**。

許道勳、趙克堯《唐玄宗傳》：「致富的最主要手段，還是發展生產。唐玄宗和大臣強調：『贍人之道，必廣於滋殖』，就指民務稼穡，才能衣食豐足……農業生產是致富之源。」

隆基喵不僅要求**大家種地**，

許道勳、趙克堯《唐玄宗傳》：「唐玄宗除了頒詔勸農外，還命御史督察，分往各地，巡行勸課。」

自己在宮裡**也種**。

《資治通鑑．卷二一四》：「開元二十二（734年）……上（玄宗）種麥於苑中，帥太子以來親往芟之，謂曰：『此所以薦宗廟，故不敢不親，且欲使汝曹知稼穡艱難耳。』又遍以賜侍臣曰：『比遣人視田中稼，多不得實，故自種以觀之。』」

興修**水利**，

白壽彝《中國通史》：
「開元年間，還多次興修農田水利，直接促進農業生產的發展。」

滅蝗救災，

《舊唐書．卷八》：
「（開元）三年（715年）……六月，山東諸州大蝗，飛則蔽景，下則食苗稼，聲如風雨。紫微令姚崇奏請差御史下諸道，促官吏遣人驅撲焚瘞，以救秋稼，（玄宗）從之。」

反正只要是能**促進**農業的都**全力推進**。

許道勳、趙克堯《唐玄宗傳》：
「（唐玄宗）一再頒詔恤農賑災，強調不奪農時，勸以男耕女桑……這些措施的綜合治理，都是圍繞著發展農業生產這個中心任務而展開的。」

這麼一頓**操作**下來，
國家財政慢慢得到了**恢復**和**增長**，

朱紹侯《中國古代史》：
「農業生產的發展使各地官府倉庫裡的糧食堆積如山。」
白壽彝《中國通史》：
「玄宗統治前期，社會安定，經濟有了顯著的發展。」

而**足夠**的**稅收**也讓隆基喵能對
國家的**軍事**進行**改革**。

蒙曼《唐明皇》：
「玄宗的勵精圖治、勤儉節約，政府已經不差錢了……在這種情況下改革府兵制。」

以前唐朝實行的是**府兵制**，

軍事科學院《中國軍事通史》：
「府兵制是唐前期主要的軍事制度。」

也就是喵民們**有事**就上戰場**打仗**，

唐長孺《魏晉南北朝隋唐史講義》：
「（府兵）打仗時出征……」
范文瀾《中國通史》：
「府兵本是寓兵於農的一種兵制……戰時，朝廷任命將帥率兵出戰。」

沒事就回家**種地**。

唐長孺《魏晉南北朝隋唐史講義》：
「這些服兵役的人絕大多數是農民，平時勞動生產……」
朱紹侯《中國古代史》：
「除外出執行任務，府兵不脫離自己的鄉土和農業生產。」

隆基喵將它改革為**募兵制**，

《資治通鑑．卷二一二》：
「開元十年（722年）……（張說）請招募壯士充宿衛，不問色役，優為之制，逋逃者必爭出應募。上（玄宗）從之……兵農之分，從此始矣。」
軍事科學院《中國軍事通史》：
「所謂『兵農之分』，也就是募兵制……募兵制從此大為盛行……」

簡單講，就是國家出錢**雇傭**喵民當兵。

軍事科學院《中國軍事通史》：
「募兵制的特點在於兵、民分家，兵由國養，即主要由國家供給其衣糧。」

士兵不用種地，**專心**訓練。

《全唐文・卷二十六》：「戰兵別簡為隊伍，專令教練，不得輒有使役。」

這樣的方式大大地**促進**了唐朝軍隊的**戰鬥力**，

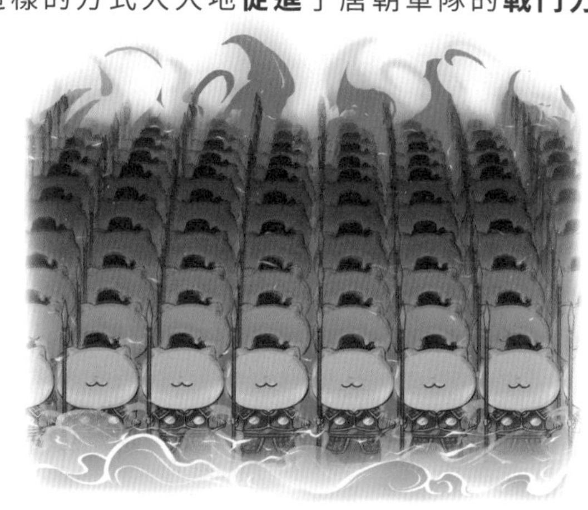

軍事科學院《中國軍事通史》：「募兵制代而興之……大大提高了軍隊的戰鬥力。」

使得周邊敵軍**無法**入侵邊境。

怎麼回事？
太強了吧！

王仲犖《隋唐五代史》：「開元年間……邊防充實，邊疆少數民族的貴族不敢輕易進犯。」

經過隆基喵的**努力**，

大唐得到了全方面的**提升**。

傅樂成《中國通史》：「由於玄宗君臣的悉心革弊，唐帝國再度進入一個富強康樂的時代。」

不僅**喵民**數量**大增**，

張豈之《中國歷史·隋唐遼宋金卷》：「全國戶口在開元二十七年（739年）達到 786 萬戶，4543 萬口，比武周末的 615 萬戶、3714 萬口又增加 27%和 22%。」

文化更是史無前例的**繁榮**。

唐長孺《魏晉南北朝隋唐史講義》：

「到唐玄宗時，社會經濟各方面都有重大的發展。當時的中國，不僅是亞洲乃至全世界的一個政治中心，而且也是一個文化中心。」

他的**治理**使大唐進入了**鼎盛階段**，

《舊唐書．卷九》：

「……我開元之有天下也，糾之以典刑，明之以禮樂，愛之以慈儉，律之以軌儀……貞觀之風，一朝覆振。於斯時也，烽燧不驚，華戎同軌……於時垂髫之倪，皆知禮讓；戴白之老，不識兵戈。虜不敢乘月犯邊，士不敢彎弓報怨。」

史稱**「開元之治」**。

朱紹侯《中國古代史》：

「開元年間吏治清明，政局穩定，加速了社會經濟的發展，推動了教育文化的繁榮，成為唐王朝的鼎盛時期，史稱『開元之治』。」

然而在這一系列的**成功**之下，
卻埋藏了**危險**的種子。

白壽彝《中國通史》：
「在開元年間富強繁榮的情況下，潛在的社會危機也在發展。」

盛世大唐能維繫**多久**呢？

（且聽下回分解。）

編者按

唐玄宗執政前期勵精圖治、任用賢臣，成就了「開元盛世」。但盛世從來不是一蹴而就的，縱覽唐朝歷史，唐太宗的貞觀之治為唐朝打下了堅實的基礎，即使後來經歷一些波折與動亂，也沒有動搖到唐朝的根基。而後唐玄宗讓唐朝完成了「治世」到「盛世」的轉變。正如《舊唐書》所言：「太宗定其業，玄宗繼其明」，唐朝的鼎盛是幾代李氏一族共同努力的結果。而與史上諸多盛世不同的是，開元年間的唐朝不僅國力強盛，對待不同文化的包容性也是前所未有的。正是有了這樣開放包容的態度，中華文化才得以保持長期的活力並對其他地區產生了深遠的影響，這不僅是唐朝的「黃金時代」，也是中國歷史上的「黃金時代」。

李隆基——水餃（飾）

參考來源：《舊唐書》、《新唐書》、《全唐文》、《資治通鑑》、《通典》、蒙曼《唐明皇》、許道勳和趙克堯《唐玄宗傳》、白壽彝《中國通史》、傅樂成《中國通史》、范文瀾《中國通史》、翦伯讚《中國史綱要》、朱紹侯《中國古代史》、王仲犖《隋唐五代史》、趙德馨《中國經濟通史》、崔瑞德《劍橋中國隋唐史》、軍事科學院《中國軍事通史》、唐長孺《魏晉南北朝隋唐史講義》、張豈之《中國歷史・隋唐遼宋金卷》

【梨園弟子】

李隆基精通曲藝，
還在皇宮的梨園裡
教人演奏自己的樂曲。
而用「梨園弟子」來形容戲曲演員，
就是從這開始的。

【音樂大師】

李隆基不僅能治國，
還是一個音樂達人。
他會多種樂器，
還能親自譜曲，
例如《霓裳羽衣曲》就是他的作品。

【集中管理】

李隆基為了加強對子孫的控制，
搞了「十王宅」和「百孫院」，
目的是讓他們住在一起，
方便監視。

一群喵檔案

水餃小劇場

《考試成績》

麻花，這次成績出來了。
嗯？

這個堅定而充滿喜悅的眼神……
難道……這次考試……

難道我及格了？
這是真的嗎？我內心很緊張啊！

沒關係！倒數第一證明發展空間巨大啊！
倒數
呃……

《做好事真開心》

幫助他人讓我感到快樂。
今天在路上我遇到了湯圓。

最近那部推理片看了嗎？我好想去看啊！
我看了！真的很好看！

湯圓說一直想去看卻沒有時間，看到她如此迫切……
於是我趕緊將劇情講了一遍，特別是跟她講了凶手是誰。

謝謝你！我感覺自己不用去看了！
再見！
不客氣！

水餃

白羊座

生日：4月1日

身高：177 公分

喜歡的中式菜餚：白切雞

喜歡的動物：羊駝

（水餃擬人介紹）

水餃的水晶球
Shuijiao's crystal ball

第九十二回 ◉ 邊疆兵變

經歷了幾代**君王**的**積累**，

范文瀾《中國通史》：
「唐朝前期是隋末社會從恢復到發展的強盛時期，代表進步傾向的唐太宗、武則天和開元年間的唐玄宗，雖然程度不同，對這段歷史卻都有貢獻。」

唐皇朝終於進入了**鼎盛時期**。

王仲犖《隋唐五代史》：
「唐玄宗統治時期（公元712—755年），是唐王朝國力鼎盛的時期。」

而隨著**疆域**的**擴大**，

軍事科學院《中國軍事通史》：
「隨著唐朝疆土的擴大，邊防線也越來越長……」

邊境的**戰事**也日漸**頻繁**。

軍事科學院《中國軍事通史》：

「高宗中期以來，局勢有所變化，西部及西南部受吐蕃嚴重威脅，北部又重受突厥威脅，東北部的契丹、奚、室韋、靺鞨等少數族政權也經常襲擾邊境。」

為了**應對**這種情況，

唐**中央**制定了**「內輕外重」**的**軍事**策略，

軍事科學院《中國軍事通史》：

「唐朝設置節度使是出於鞏固國防，防禦侵擾的需要，所以最初只置於周邊地區，內地則不置。由於節度使擁有大量軍隊，內地兵力相對寡弱，形成『外重內輕』的軍事布局。」

也就是帝國**中心**保留**少量兵力**，

朱紹侯《中國古代史》：

「天寶初年（742年）……當時中央和內地所控制的兵力只有8萬人，僅及邊鎮兵力的六分之一。」

大軍則派往**邊疆**的各大**「軍區」**，

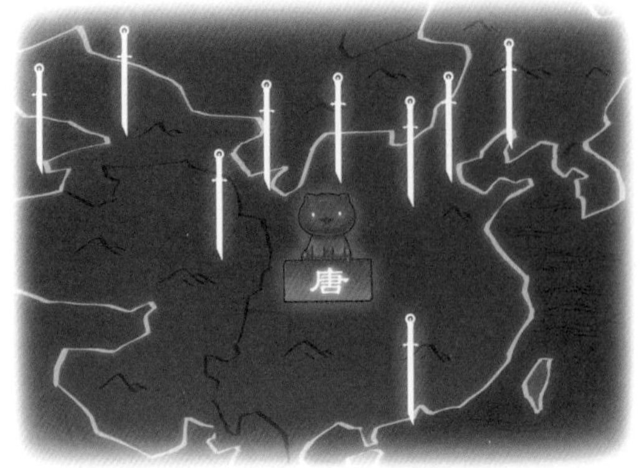

朱紹侯《中國古代史》：「由於唐玄宗窮兵黷武，喜立邊功，使得邊防重鎮的軍事實力迅速增強，當時的精兵猛將都聚集在邊鎮之地。」

形成了地方**拱衛中央**的局面。

朱紹侯《中國古代史》：「先前府兵制下『內重外輕』的軍事格局已被『內輕外重』所代替。」

而**統領**各大**軍區**事務的是一個重要**官職**，

這就是**「節度使」**。

節度使

張豈之《中國歷史·隋唐遼宋金卷》：

「根據《新唐書·兵志》的記載，屯防邊疆的軍事機構有軍、守捉、城、鎮，總稱為道，道的長官是大總管，後來改名為大都督，其都督帶使持節者稱為節度使。」

節度使的出現，

大大**增強**了地方**防禦**外敵的**自主性**，

軍事科學院《中國軍事通史》：

「節度使的出現，也就表明藩鎮的產生……藩鎮的軍隊主要是招募而來的，朝廷僅僅限定其數額，兵士的選擇則由其主帥決定。在局勢緊張的情況下，將帥還可以傾其私財募兵。」

但同時也埋下了**動亂**的**種子**。

軍事科學院《中國軍事通史》：

「沿邊節度使在開始設置時，也只是『專膺一面之寄』，沒有兼統數道的。唐玄宗一味貪求邊功，為了取得更大的戰果，開始增加節帥所統兵力……唐朝腹心地區不僅兵力數量少，而且戰鬥力很弱……唐玄宗後期的這種軍事布局，本身就潛伏著很大的危機。」

而使這顆種子**發芽**的正是**一個喵**——

他就是**安祿山喵**。

安祿山喵是個**胡喵**，

《舊唐書・卷二〇〇》：「安祿山，營州柳城雜種胡人也。」

從小就**機智能幹**，

機靈

《資治通鑑・卷二一四》：

「（安祿山）狡黠，善揣人情……」

嘴巴還很**甜**。

你說是吧小伙子？
啥？你六十歲啦？
一點都不像！
你看你這麼帥，
有啥好煩的嘛。

樊樹志《國史概要》：

「他（安祿山）雖出身行伍，又是胡人，卻精通升官訣竅：賄賂與取媚。」

因為**懂**得各種**「外語」**，

《安祿山事跡・卷上》：

「（安祿山）解九蕃語……」

長大後就在**邊境貿易**裡做了個**商業仲介**。

《安祿山事跡・卷上》：
「（安祿山）為諸蕃互市牙郎。」

呃……副業還搞點**偷竊**……

不過也**差點**因為這個**掉了**腦袋……

《新唐書・卷二二五》：
「張守珪節度幽州，祿山盜羊而獲，守珪將殺之……」

幸好安祿山喵實在是**能說**，

《新唐書·卷二二五》：
「（安祿山）呼曰：『公不欲滅兩蕃邪？何殺我？』」

硬是把自己**「說活了」**，

這小子還挺能說，給他個機會吧……

《新唐書·卷二二五》：
「守珪壯其語，又見偉而皙，釋之……」

甚至還成功混了個**小官職**。

《新唐書·卷二二五》：
「（安祿山）與史思明俱為捉生。」

從那時起，

安祿山喵便**靠著**自己優秀的**軍事才能**，

白壽彝《中國通史》：「安祿山驍勇過人，又熟諳山川形勢，故每次出擊，都能以少勝多，擒獲不少契丹人，後因功擢為偏將。其後更是『所向披靡』，深受張守珪喜歡，被收為養子，並以軍功加員外左騎衛將軍，充衙前討擊使。」

以及卓越的**「拍馬屁」**技術，

《資治通鑑．卷二一四》：「御史中丞張利貞為河北採訪使，至平盧。祿山曲事利貞，乃至左右皆有賂。利貞入奏，盛稱祿山之美。」

一路高升。

樊樹志《國史概要》：「如此阿諛奉承地表忠心，唐玄宗當然舒坦得很……安祿山天寶元年任平盧節度使，兩年後兼任范陽節度使，七年後又兼任河東節度使，占全國節度使的近三分之一。此外，他又兼任尚書左仆射，升驃騎大將軍。」

不僅**地方**官員**讚美**他，

《舊唐書·卷二〇〇》：

「採訪使張利貞常受其（安祿山）賂；數載之後，黜陟使席建侯又言其公直無私；裴寬受代，及李林甫順旨，並言其美。」

連**皇帝**都非常**欣賞**他，

《新唐書·卷二二五》：

「時宰相李林甫嫌儒臣以戰功進，尊寵間己，乃請顓用蕃將，故帝寵祿山益牢，群議不能軋……」

可以說集**萬千寵愛**於一身。

《資治通鑑·卷二一五》：

「由是祿山之寵益固不搖矣。」

然而，表面上**粗枝大葉**的安祿山喵……

白壽彝《中國通史》：
「安祿山表面上裝得呆頭呆腦……」

《安祿山事跡・卷上》：
「祿山嘗令麾下將劉駱谷在京伺察朝廷旨意動靜，皆並代為箋表，便隨所要而通之。」

暗地裡卻時刻**監視**著**朝廷**。

他**不滿足**於這一切！

《資治通鑑・卷二一五》：
「安祿山潛蓄異志……」
《安祿山事跡・卷上》：
「祿山肉疾轉甚，富貴之已極。每朝，常經龍尾道，未嘗不南北睥睨，久而方進，即凶逆之萌，常在心矣。」

當時的唐帝國共有**十大軍區**，

軍事科學院《中國軍事通史》：「在天寶元年，沿邊10個節度使、經略使共計統兵49萬……」

安祿山喵就**掌管**了**三個**。

軍事科學院《中國軍事通史》：「天寶十載（751年），安祿山兼任範陽、平盧、河東節度使，三鎮合兵為18.39萬人，占唐邊兵總數49萬人的五分之二左右。」

而且他還不斷**招兵買馬**，

《安祿山事跡．卷上》：「（安祿山）遂包藏禍心，將生逆節。乃於範陽築雄武城，外示禦寇，內貯兵器，養同羅及降奚、契丹曳落河蕃人健兒為曳落河。八千餘人為假子，及家童教弓矢者百餘人……」

甚至通過做生意暗中**積累資金**。

軍事科學院《中國軍事通史》：「在經濟上，安祿山也作了充分的準備。唐玄宗曾允許安祿山在上谷郡（治今河北易縣）『起五爐鑄錢』。此外，安祿山還分遣胡商到全國各地販運羅帛，『將為叛逆之資』。」

如此**大張旗鼓**，
難道**朝廷**會不知道嗎？

自然還是**察覺到**的，

白壽彝《中國通史》：「安祿山招兵買馬，極力擴軍備戰，其不臣之跡自然難以掩飾。」

當朝宰相就**咬定**安祿山喵絕對會**造反**，

王仲犖《隋唐五代史》：

「安祿山實力日益壯大，奪取政權的野心日益發展。他不把貪暴無能的宰相楊國忠放在眼裡，『視之蔑如』（《資治通鑑》唐天寶十二載），兩人之間有了矛盾。楊國忠屢奏安祿山要叛變……」

還提議**騙他**過來**幹掉**。

軍事科學院《中國軍事通史》：

「楊國忠急於獲得安祿山反叛的證據，指使京兆尹李峴搜查安祿山在長安的府宅，『得安岱、李方來等與祿山反狀，縊殺之』。至此，安祿山反謀無可掩飾。玄宗派中使（宦官）馮神威赴範陽召安祿山入京……欲待入京時扣留他。」

可惜……

安祿山喵並**沒有上當**，

《資治通鑑．卷二一七》：
「天寶十四年（755年）……上（唐玄宗）稍寤，始有疑祿山之意……上遣中使馮神威賚手詔諭祿山……神威至範陽宣旨，祿山踞床微起，亦不拜，曰：『聖人安隱。』又曰：『馬不獻亦可，十月灼然詣京師。』即令左右引神威置館舍，不復見。」

並且表示這就**反給你看**。

《資治通鑑．卷二一七》：
「安祿山專制三道，陰蓄異志，殆將十年，以上待之厚，欲俟上晏駕然後作亂。會楊國忠與祿山不相悅，屢言祿山且反，上不聽；國忠數以事激之，欲其速反以取信於上。祿山由是決意遽反……」

西元755年，
安祿山喵率領**十五萬大軍**殺向**洛陽**。

朱紹侯《中國古代史》：
「安祿山認為已具備了滅唐的力量，於天寶十四載（755年）冬以奉密旨討楊國忠為名，擁三鎮兵15萬在範陽悍然起兵反叛。叛軍似一股濁流，迅速席捲河北之地，兵鋒直指東都洛陽。」

對於這突然的**反叛**，

朝廷這邊完全是**手忙腳亂**的狀態，

怎麼回事！怎麼突然打過來了？
到哪了？誰去擋一下啊！
唐

翦伯讚《中國史綱要》：

「唐的內地多年沒有發生戰爭，河南、河北的州縣沒有軍事準備……唐玄宗急派封常清前往洛陽募兵抵禦，又在長安募集一些市井子弟和白徒遊手……封常清在洛陽募集的六萬人多是白徒，沒有受過軍事訓練，在虎牢關和洛陽城下接連被叛軍打敗。」

沿途關卡完全**擋不住**安祿山大軍。

軍事科學院《中國軍事通史》：

「由於國家太平日久，軍備馳壞，故使安軍勢如破竹，無人敢擋……屯駐在虎牢的唐軍，為新募之軍，未經訓練，盡管封常清富有作戰經驗，也擋不住安軍鐵騎的衝擊，軍隊潰散。」

僅僅**三十五天**，洛陽就**淪陷**了。

白壽彝《中國通史》：

「安祿山從範陽起兵，長驅直入，至十二月十三日攻占東都洛陽，僅用了三十五天時間。」

安祿山喵趁機**稱帝**，

《新唐書．卷二二五》：
「明年（756年）正月，（安祿山）僭稱雄武皇帝……」

國號**大燕**。

《新唐書．卷二二五》：
「……國號燕，建元聖武。」

這就是影響了**整個**大唐歷史的**安史之亂**。

從那一刻起，

盛世的**大唐夢**被一巴掌**打醒**。

張豈之《中國歷史．隋唐遼宋金卷》：「安史之亂是唐朝由盛轉衰的轉折點。」

在**叛軍**的鐵蹄之下，

天下陷入了**戰火**之中。

白壽彝《中國通史》：「安祿山狡黠多智，善於迎合唐玄宗心意，投其所好，因而格外受到寵遇，一再加官晉爵，專任方面。在玄宗驕惰荒政、朝綱隳紊之時發動了武裝叛亂，把鼎盛一時的唐皇朝推向了戰亂的深淵。」

那麼，偌大的**唐皇朝**將如何面對這場**危機**呢？

（且聽下回分解。）

編者按

唐天寶末年的這場動亂，實際上是唐朝前期種種矛盾累積在一起後爆發的必然結果。從武則天朝開始，唐朝的均田制就由於土地兼併而遭到破壞，到玄宗朝，以此為基礎的府兵制也難以維持，被募兵制取代，士兵逐漸職業化。這一變化，一開始確實提升了唐朝軍隊的實力，有利於邊疆的防衛。然而，晚年的玄宗窮兵黷武，好大喜功，他不斷增加邊境節帥所統兵力，還改變了邊帥不久任的傳統。這樣，不僅造成了「內輕外重」的軍事格局，還使士兵和節度使的關係更為緊密，節度使不斷坐大，最終威脅到中央集權。在這樣特定的歷史背景下，安祿山才能不斷擴張勢力，並一舉發兵，從此將大唐帶入一片風雨飄搖。

安祿山——拉麵（飾）

參考來源：《舊唐書》、《新唐書》、《資治通鑑》、《安祿山事跡》、范文瀾《中國通史》、白壽彝《中國通史》、樊樹志《國史概要》、翦伯讚《中國史綱要》、王仲犖《隋唐五代史》、朱紹侯《中國古代史》、軍事科學院《中國軍事通史》、張豈之《中國歷史・隋唐遼宋金卷》

【突厥戰神】

安祿山的本名叫「軋犖山」，
在突厥語中，
它除了是一個山名，
還代表著戰鬥神。

【貴妃「洗澡」】

安祿山最受寵的時候，
不僅能隨意進出皇宮，
皇帝的寵妃還認了他做養子，
並親自為他洗澡。

【靈活的胖子】

安祿山是個大胖子，
傳說光肚子就有175公斤。
然而，這樣的他卻能
跳一種「胡旋舞」，
而且動作還很快。

拉麵小劇場

《採蘑菇》

好棒啊！這個蘑菇很稀有！
我摘了個大的！

拉麵！你摘得怎麼樣？

我好像運氣很差，
找了半天才找到一個蘑菇乾……

喏……
這不是靈芝嗎？
而且還那麼大！

《打牌》

拉麵！我們來玩撲克牌吧！
但大家不愛跟我打牌……

哎呀哎呀！是不是牌技太差啦？沒事沒事！
我們會讓著你的！來吧！

三條A！
王炸！！
四條2！

走了走了！
難怪大家不跟你打牌。

拉麵

雙子座

生日：6月1日

身高：180 公分

喜歡的中式菜餚：紅燒獅子頭

喜歡的動物：錦鯉

（拉麵擬人介紹）

拉麵的水晶球

Lamian's crystal ball

第九十三回◉捲土重來

安史之亂，

是大唐歷史的重要**轉折點**。

朱紹侯《中國古代史》：「安史之亂造成了極其嚴重的破壞，是唐朝由盛到衰的轉折點。」

「安」就是指**叛亂禍首**——**安祿山喵**。

朱紹侯《中國古代史》：「經過長達十餘年的秘密準備後，安祿山認為已具備了滅唐的力量，於天寶十四載（755年）冬以奉密旨討楊國忠為名，擁三鎮兵15萬在範陽悍然起兵反叛。」

在他的**帶領**下，叛軍**長驅直入**。

張豈之《中國歷史・隋唐遼宋金卷》：「當年（755）十一月，安祿山舉兵範陽，以奉密旨討楊國忠為名，率15萬叛軍南下……淡漠了戰備意識的河北州縣望風瓦解，叛軍長驅直下。」

大唐東都**洛陽失守**，

朱紹侯《中國古代史》：「（755年）十二月，叛軍攻陷洛陽。」

安祿山喵一下子**左右**著天下的**命運**。

呃……可惜沒多久，

他就因為**內鬥**……**「掛」了**……

白壽彝《中國通史》：

「至德二載（757）……叛軍發生內訌。安祿山為其子安慶緒所殺……」

可安祿山喵的死，

卻並**沒有**讓動亂**消散**。

牛致功《安祿山史思明評傳》：

「安祿山雖死，但叛軍的力量沒有遭到重大損失。」

因為這場**反叛**還有一個**重要角色**，

他就是**史思明喵**。

《舊唐書．卷二〇〇》：
「史思明，本名窣干。營州寧夷州突厥雜種胡人也。」

史思明喵跟安祿山喵是一起長大的**「小伙伴」**，

《新唐書．卷二二五》：
「（史思明）與安祿山共鄉里……生先祿山一日，故長相善。」

連**生日**都只**相差一天**。

不求同年同月同日生，但求……
後面那句就省了吧……

《舊唐書．卷二〇〇》：
「（史思明）先祿山一日生，思明除日生，祿山歲日生。」

從**一起玩**，

到長大一起**當仲介**，

《舊唐書．卷二〇〇》：
「（史思明）又解六蕃語，與
祿山同為互市郎。」

可以說關係**非常要好**。

史思明喵生性**精明狡猾**，

《新唐書．卷二二五》：「史思明，寧夷州突厥種……躁健譎狡。」

早年那會兒就因**欠錢被抓**……

《新唐書．卷二二五》：「頃之，（史思明）負官錢，無以償，將走奚。未至，為邏騎所困，欲殺之……」

但硬是通過**忽悠***，

老子是使者！放了我！
我帶你們見皇上！
?
囚

《新唐書．卷二二五》：「（史思明）紿曰：『我使人也，若聞殺天子使者，其國不祥，不如以我見王，王活我，功自汝得。』邏以為然，送至王所……王怒，然疑真使者，卒授館，待以禮。將還，令百人從入朝。」

＊忽悠：指說謊話矇騙。

反而把對方給**賣了**……

《新唐書・卷二二五》：「……既至平盧，（史思明）遣謂戍主曰：『奚兵數百，外稱入朝，內實盜，請備之。』主潛師迎犒，殺其眾……」

最後跟安祿山喵一樣，混了個**小官**。

《新唐書・卷二二五》：「幽州節度使張守珪奇其功，表折沖，與祿山俱為捉生。」

從那時候起，

史思明喵和安祿山喵一路**往上爬**，

從**鎮守邊疆**，

《新唐書・卷二二五》：
「天寶初，（史思明）累功至將軍、知平盧軍事……遷大將軍、北平太守。從祿山討契丹……」

一直到安祿山喵**造反稱帝**。

大燕

牛致功《安祿山史思明評傳》：
「安祿山從範陽南進，奪取洛陽，建國稱帝。史思明奉命在河北一帶攻取唐屬的郡縣，擴大以範陽為基地的叛軍地盤。」

可惜……安祿山喵造反到**一半**，

卻……**歇菜了***。

岑仲勉《隋唐史》：
「至德二年（七五七）正月，祿山被其寵人殺之於東京，子慶緒繼。」

* 歇菜：本意為停止，後引申為死亡、下台等意思。

這下**形勢**可就有**變化**了。

崔瑞德《劍橋中國隋唐史》：「隨著安祿山在757年初的遇刺，（叛軍）分裂達到了最嚴重的程度。其子安慶緒繼承指揮可能恢復了洛陽大本營的和諧，但此事卻疏遠了在河北繼續帶兵的安祿山一代的將領。」

大唐軍隊開始**奮起反攻**，

王仲犖《隋唐五代史》：「唐肅宗自即位靈武後，即著手反攻……到了安祿山死後，唐軍再度進攻，企圖奪回長安。」

老大沒了，

叛軍隊伍自然**陣腳大亂**。

牛致功《安祿山史思明評傳》：「至德二年（757）九月，郭子儀再次率唐軍東進，經過激戰，迫使叛軍退出長安；繼又收復洛陽，逼迫安慶緒退往黃河以北。由於唐軍的步步勝利，叛軍的節節敗退，形勢的發展對叛軍日益不利。」

所以從**那時起**，
叛軍分成了**兩股勢力**。

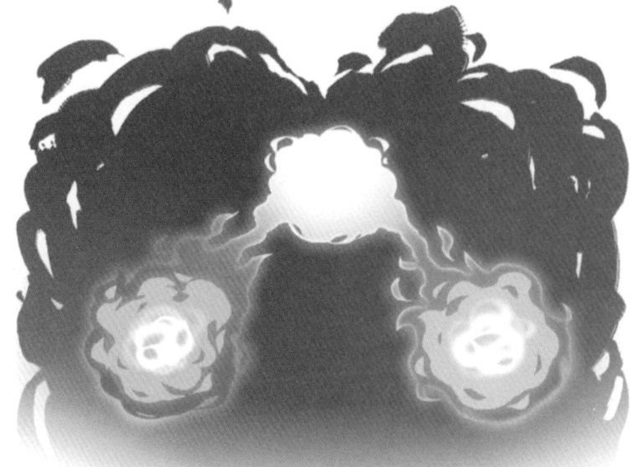

崔瑞德《劍橋中國隋唐史》：
「隨著757年秋政府軍發動的進攻取得勝利……叛軍不得不放棄鄰近地區（其中包括他們最近已經占上風的河南南部和東部），退到黃河以北……這些失敗以及兩京的喪失在當時公開地把叛亂者分裂成兩個對立的陣營……」

一個是原來的**安祿山軍**，

崔瑞德《劍橋中國隋唐史》：
「相州的安慶緒……」

另一個就是**史思明**的**部隊**。

崔瑞德《劍橋中國隋唐史》：
「……和幽州的史思明。」
牛致功《安祿山史思明評傳》：
「史思明據有範陽，有地盤，有兵力，也有物質財富，安慶緒已經無力對他進行控制。」

隊伍**散了**，
要**單挑**唐軍可不是**鬧著玩**的……

軍事科學院《中國軍事通史》：「當戰爭呈對峙態勢時，唐廷得以抽調周邊地區的軍隊對付安史軍隊，在軍事力量對比上已占優勢。」

於是乎，史思明喵**決定**——

投降……

崔瑞德《劍橋中國隋唐史》：「到 758 年初期，叛亂者的前途顯得如此渺茫，以致史思明本人宣布向皇帝投誠。」

是的，他帶著自己的部隊就這麼**歸順**了**朝廷**，

《資治通鑑・卷二二〇》：
「（史思明）遣其將竇子昂奉表以所部十三郡及兵八萬來降，並帥其河東節度使高秀巖亦以所部來降。」

並且**掉轉**槍頭幫忙**圍剿叛軍**。

《新唐書・卷二二五》：
「已而慶緒敗走相州，殘士三萬北歸，無所屬，思明擊殺數千人，降之。慶緒知其貳，使阿史那承慶、安守忠、李立節詣思明議事，且共圖之……思明從承慶等飲，即拘之，收其兵，給貲以遣，斬守忠、立節以徇。」

那麼，叛亂就這麼順利解決了嗎？

當然**沒有**。

《新唐書・卷二二五》：

「然思明外順命，內實通賊……」

史思明喵不僅趁機**招兵買馬**，

《新唐書・卷二二五》：

「……益募兵。」

還打著大唐的名義，

把投降的叛軍**收到**自己**隊伍**中，

《資治通鑑・卷二二〇》：

「安慶緒之北走也，其大將北平王李歸仁及精兵曳落河、同羅、六州胡數萬人皆潰歸範陽，所過俘掠，人物無遺。史思明厚為之備，且遣使逆招之範陽境，曳落河、六州胡皆降。同羅不從，思明縱兵擊之，同羅大敗，悉奪其所掠，餘眾走歸其國。」

力量不斷在**壯大**。

牛致功《安祿山史思明評傳》：「史思明據有範陽，既有了充裕的物質財富，又有廣大的重要地盤，還有強大的武裝力量。」

而**另一邊**的叛軍呢？

已經被唐軍打得**喘不過氣**來。

軍事科學院《中國軍事通史》：「（758年）十月……郭子儀等乘勝追至鄴城，包圍安慶緒於城內……安慶緒於鄴城西的愁思崗收兵再戰，又敗，唐軍前後斬殺安軍3萬餘人，俘獲千餘人。安慶緒無力再戰……」

你要知道，
大唐可是叫了**九大軍區**過來圍毆，

王仲舉《隋唐五代史》：
「乾元元年（公元 758 年）九月，唐王朝集中了郭子儀、李光弼等九節度使的兵力，進攻安慶緒。」

眼看著就要給予**最後一擊**時……

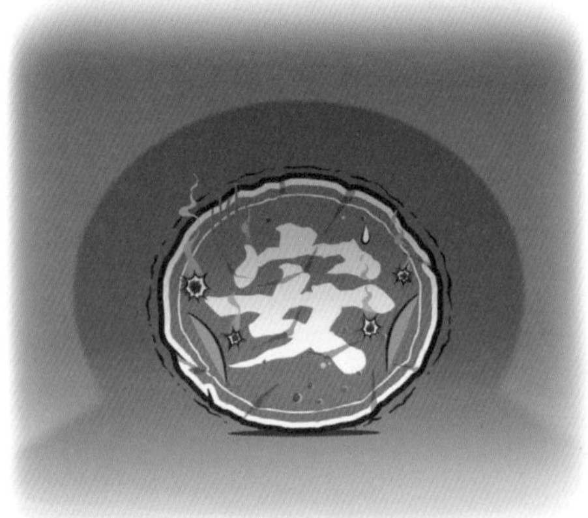

史思明喵卻**出現了**！

《資治通鑑．卷二二〇》：
「（758 年）冬，十月……慶緒收餘眾拒戰於愁思岡，又敗。前後斬首三萬級，捕虜千人。慶緒乃入城固守，子儀等圍之，李光弼引兵繼至。慶緒窘急，遣薛嵩求救於史思明，且請以位讓之。思明發範陽兵十三萬欲救鄴……」

他不僅**沒有幫忙**，

還瘋狂**騷擾**唐軍**後方**。

《資治通鑑．卷二二一》：
「乾元二年（759年）……郭子儀等九節度使圍鄴城……思明多遣壯士竊官軍裝號，督趣運者，責其稽緩，妄殺戮人，運者駭懼；舟車所聚，則密縱火焚之；往復聚散，自相辨識，而官軍邏捕不能察也。」

說起來，大唐真是**鬧心***啊……

《資治通鑑．卷二二一》：
「由是諸軍乏食，人思自潰。」

*鬧心：形容心裡慌亂或煩悶。

一邊**沒打完**，

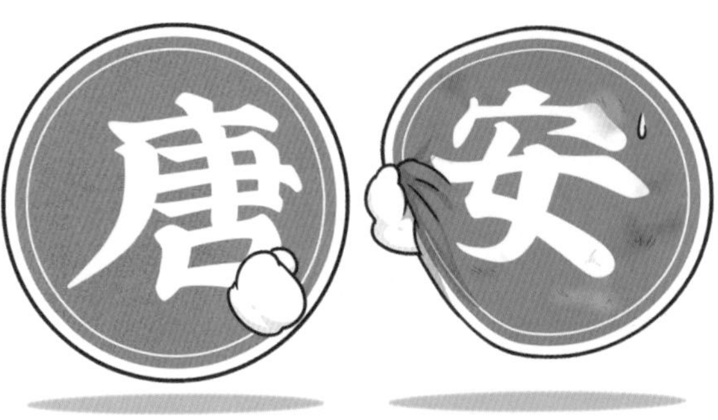

軍事科學院《中國軍事通史》：
「乾元二年（759 年）正月，
唐軍仍未能攻下鄴城……」

另一邊卻跑出來了……

而且……還**加上好友**了！

《新唐書．卷二二五》：
「乾元元年（758 年）秋九月，帝詔郭子儀率九節度兵凡二十萬討慶緒……思明有眾十三萬，三分其軍趨鄴。明年三月，營安陽。慶緒急，乃遣太清奉皇帝璽綬讓思明。思明以書示軍中，咸呼萬歲，乃約慶緒為兄弟，還其書，慶緒大悅。」

頭都**大了**……

就這樣，在史思明喵的**再度反叛**下，

呂思勉《中國通史》：
「史思明既降覆叛，自範陽來救……」
軍事科學院《中國軍事通史》：
「乾元二年（759年）……由於唐軍未設統帥，缺乏統一指揮，進退無序，圍城日久，師老兵疲，上下離心。史思明看出唐軍弱點，認為進兵時機成熟，遂親率主力自魏州援鄴。」

大唐的**圍剿**行動最終**破產**。

翦伯讚《中國史綱要》：
「次年（759年）三月，降唐覆叛的史思明自範陽引兵救鄴，大破九節度使之兵，諸節度使各潰歸本鎮。」

而史思明喵則**兼併**所有**叛軍**，**實力大增**，

軍事科學院《中國軍事通史》：「史思明擊敗唐軍後，誘殺安慶緒，收編其軍隊，占據鄴城。」

隨後更是效仿安祿山喵**登基稱帝**。

《新唐書．卷二二五》：「乾元二年（759年）……夏四月，（史思明）更國號大燕，建元順天，自稱應天皇帝。」

至此，勝利的天秤**再一次**傾向叛軍。

王仲舉《隋唐五代史》：「到了九月，史思明又率軍南下，攻占洛陽。乾元三年（公元760年）二月，唐軍反攻洛陽，又為史軍所敗，損折了數千人，軍資器械也損失了不少。」

史思明喵的**「接力」**使這場叛亂**「死灰復燃」**，

白壽彝《中國通史》：

「東都再次陷入叛軍之手，史思明率軍於河陽同官軍猛烈交戰，並數次西攻陝州，氣焰囂張。」

面對這樣的情況，大唐會**被顛覆**嗎？

（且聽下回分解。）

編者按

從安祿山起兵到史思明稱帝的很長一段時間裡，不管是叛軍還是唐軍，都處在一片混亂之中。叛軍的亂，源於安史集團內部父子相殘、上下相殺，導致最高指揮權一再地易手。而唐軍之亂則在於節度使們都是各自為戰，加上前線的指揮權都是由不懂軍事又專橫跋扈的宦官把持，根本組織不起有力的攻勢。正因如此，當唐朝集結九節度使、數十萬大軍圍攻鄴城時，居然久攻不下，最終給了史思明可乘之機。鄴城的失利，不僅意味著史思明的崛起，也意味著大唐錯過了盡早平定叛亂的時機。它埋下的隱患，之後將會讓唐和唐的統治者們付出巨大的代價。

安祿山——拉麵（飾）

史思明——年糕（飾）

參考來源：《舊唐書》、《新唐書》、《資治通鑑》、岑仲勉《隋唐史》、呂思勉《中國通史》、白壽彝《中國通史》、翦伯讚《中國史綱要》、王仲犖《隋唐五代史》、朱紹侯《中國古代史》、崔瑞德《劍橋中國隋唐史》、牛致功《安祿山史思明評傳》、軍事科學院《中國軍事通史》、張豈之《中國歷史·隋唐遼宋金卷》

【弄巧成拙】

史思明和唐軍對峙時，
故意放很多馬出來，
炫耀自己馬多。
結果因為他的馬大多是雄馬，
全被唐軍的雌馬勾走了。

【虎爸思明】

史思明是個虎爸，
他曾命令大兒子修建城牆，
結果因為到期後牆還沒抹泥，
差點把兒子處死。

【窩裡鬥】

安祿山晚年雙目失明，
脾氣特別暴躁。
他的部下恨他，
他的兒子想取代他，
於是聯手給他發了「便當」。

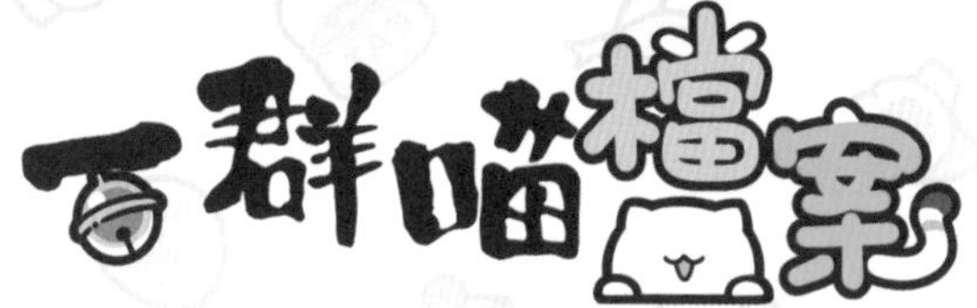

年糕小劇場

《魔術方塊》

《圖書館》

年糕

處女座

生日：9月8日

身高：181 公分

喜歡的中式菜餚：拔絲香蕉

喜歡的動物：貓頭鷹

（年糕擬人介紹）

年糕的水晶球
Niangao's crystal ball

第九十四回 ◉ 代宗平亂

安史之亂的爆發，

徹底**打斷**了大唐**盛世**的光景，

牛致功《安祿山史思明評傳》：

「史思明與安祿山同時起兵反唐，故而後人稱這次歷史事件為安史之亂。」

傅樂成《中國通史》：

「唐的由盛世突然步入衰運，關鍵在於安史之亂。」

天下**陷入**到一片**戰火**之中。

王仲犖《隋唐五代史》：

「因為安祿山、史思明是以唐邊將的地位來反唐的，所以安史之亂一開始是統治階級內部的鬥爭。但是由於安祿山和史思明是昭武九姓胡人，是蕃將……他們在指揮戰爭的過程中，對黃河中下游的廣大地區造成了嚴重破壞。」

然而，安史叛軍雖然**來勢洶洶**，

白壽彝《中國通史》：

「（安祿山）除調動本部兵馬外，又徵調了部分同羅、奚、契丹、室韋人馬，總計十五萬，號稱二十萬，連夜出發……一路上所向披靡，進兵迅速……」「（759年）九月，史思明再次從範陽率軍南下，兵分四路，向唐軍發起了巨大攻勢……再次攻陷洛陽……」

隊伍……**卻**實在**不行**。

軍事科學院《中國軍事通史》：

「安祿山父子、史思明父子，安祿山與史思明之間，安史與諸將之間，諸將相互之間，都存在許多矛盾和權力之爭……不僅不能一致抗擊唐軍，而且嚴重削弱自身力量……」

首領安祿山喵**一路猛進**，

《舊唐書．卷二〇〇》：

「（天寶）十四載（755年）……十一月，（安祿山）反於範陽，矯稱奉恩命以兵討逆賊楊國忠。以諸蕃馬步十五萬，夜半行，平明食，日六十里……祿山令嚴肅，得士死力，無不一當百，遇之必敗。」

破**洛陽**，

白壽彝《中國通史》：

「安祿山從範陽起兵，長驅直入，至（755年）十二月十三日攻占東都洛陽……」

取**長安**，

白壽彝《中國通史》：
「至德元載（756）六月……京都長安也很快落入叛軍之手。」

登基稱帝，

白壽彝《中國通史》：
「至德元載（756）正月一日，安祿山於洛陽自稱雄武皇帝，國號大燕……」

然後就內訌，**「掛」了**……

《新唐書・卷六》：
「（至德）二載（757年）正月……安慶緒殺其父祿山。」

等輪到陰險狡詐的**史思明喵**，

《新唐書．卷二二五》：
「史思明，寧夷州突厥種……
躁健譎狡。」

一會兒**投降**唐軍，

岑仲勉《隋唐史》：
「至德二年（757年）正月，
思明進圍光弼於太原，會祿山
死，奉慶緒召歸範陽，寢與慶
緒貳，十二月，遂以範陽降。」

一會兒**反叛**唐軍，

樊樹志《國史概要》：
「乾元元年（758年）史思明
在範陽反叛，安慶緒與他遙相
聲援，戰火重新燃起。」

似乎搞得**風風火火**，

張豈之《中國歷史．隋唐遼宋金卷》：
「次年（759年）三月，史思明殺安慶緒，自立為大燕皇帝。」
牛致功《安祿山史思明評傳》：
「史思明乘安慶緒窮途末路之機，殺其人，奪其位，又占領其地盤……經過充分準備，他又舉兵南下，攻占洛陽，又一次把對唐朝廷的叛亂推向了高潮。」

但沒多久……還是**「掛」**了。

朱紹侯《中國古代史》：
「上元二年（761年），史思明在邙山（河南洛陽北）大敗李光弼，並乘勝向長安進犯，但在途中被其子史朝義殺死。」

事還沒成，

叛軍的兩個**重要角色**就這麼**「交待」**了。

牛致功《安祿山史思明評傳》：
「四年之內，在洛陽發生兩起子殺父的事件……安祿山、史思明……他們都在勝利後的勾心鬥角中成了犧牲品。」

而**大唐**這邊呢，
也**沒好多少**……

從叛亂一開始，皇帝就**逃亡**。

張豈之《中國歷史．隋唐遼宋金卷》：
「長安淪陷前夕，唐玄宗在楊國忠建議下丟下在外的妃嬪、公主和皇孫，帶著貴妃和皇子倉皇西逃，入蜀避難。」

然後**太子奪權**，

樊樹志《國史概要》：
「太子李亨看到人心所向，與父皇分道揚鑣，在太監李輔國的扈從下，奔往朔方節度使所在的靈武（今寧夏靈武西南）。（756年）七月十三日，李亨即皇帝位，是為唐肅宗，改元至德，遙尊唐玄宗為太上皇。」

【第九十四回 代宗平亂】

朝廷內部又各種**內鬥**。

張國剛《唐代藩鎮研究》：「肅宗在靈武建立的班子基本上是在朔方軍保護下成立的……為了控制以朔方軍為首的各地平叛軍隊，朝廷一方面頻頻更換平叛戰爭的領導人……另一方面，又大力扶植宦官勢力來與之相抗衡……宦官雖然被皇帝扶植起來對付新興軍閥，但當他們的勢力膨脹到有逼主之勢時，又會與皇帝發生尖銳的衝突。」

反正就是……**叛軍**有叛軍的**亂**，

軍事科學院《中國軍事通史》：「安祿山、史思明集團，由勇悍凶蠻的胡人和心懷異志的漢人構成，他們可以因一時利益相同而暫時結合在一起，一旦局勢有所變化，其內部矛盾便激化起來……」

大唐……有大唐的**亂**。

但無論怎麼說，
這場動亂終歸是到**尾聲**了。

牛致功《安祿山史思明評傳》：
「史思明取代安慶緒，史朝義又取代史思明；頻繁的政變，意味著統治集團內部矛盾的激化。這是叛軍方面的變化……必然決定史思明到洛陽後就是強弩之末了。」

平息這一切的就是大唐的**第八位**皇帝，

他就是唐代宗**李豫喵**。

《舊唐書・卷十一》：
「代宗睿文孝武皇帝諱豫……」

【第九十四回 代宗平亂】

李豫喵一**出生**就比較**「高貴」**，

因為**皇孫**一百多個，

《舊唐書·卷十一》：
「玄宗諸孫百餘……」

就他是**嫡皇孫**。

《舊唐書·卷十一》：
「……上（李豫）為嫡皇孫。」

而且李豫喵從小就**熱愛學習**，

《舊唐書・卷十一》：「（李豫）幼而好學，尤專《禮》《易》，玄宗鐘愛之。」

性格**形象**也超**好**，

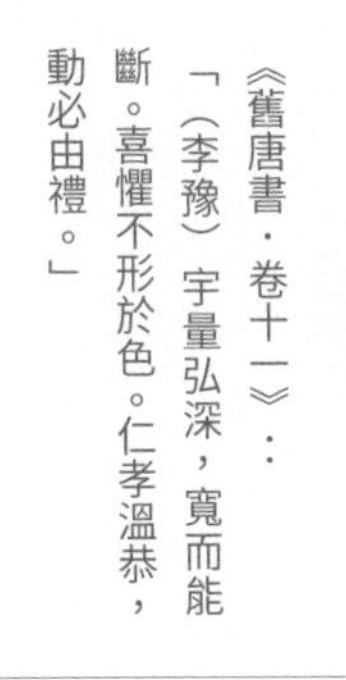

《舊唐書・卷十一》：「（李豫）宇量弘深，寬而能斷。喜懼不形於色。仁孝溫恭，動必由禮。」

簡直……就是**爽文主角**。

可惜……**叛亂**卻突然**爆發**了。

朱紹侯《中國古代史》：

「安祿山認為已具備了滅唐的力量，於天寶十四載（755年）冬以奉密旨討楊國忠為名，擁三鎮兵15萬在範陽悍然起兵反叛。叛軍似一股濁流，迅速席捲河北之地，兵鋒直指東都洛陽。」

本來可以**安穩繼承**皇位的他，

變成了要**上陣討賊**。

白壽彝《中國通史》：

「肅宗於靈武即位後，組建朝廷，以廣平王李俶（豫）為天下兵馬元帥，諸將皆歸他指揮調度。」

幸好李豫喵還是很**有能力**的，

《新唐書．卷六》：

「安祿山反，玄宗幸蜀，肅宗留討賊，代宗常從於兵間……敗賊將安守忠，斬首六萬級……」

憑借著優秀的**戰功**，

李豫喵最終**坐上**了皇帝**寶座**，

《新唐書．卷六》：

「代宗及子儀、嗣業戰陝西，大敗之，安慶緒奔於河北，遂克東都。肅宗還京師。十二月，進封楚王。乾元元年（758年）三月，徙封成王。四月，立（李豫）為皇太子……己巳，即皇帝位於柩前。」

然後……接著**平亂**……

牛致功《安祿山史思明評傳》：

「肅宗死後，代宗即位。代宗繼承肅宗的遺志，仍以平定叛亂為己任，積極調整部署力量。」

李豫喵當皇帝的時候，
叛亂已經足足持續了**七個年頭**。

軍事科學院《中國軍事通史》：
「寶應元年（762年）……太子李豫（原名李俶）即帝位，是為代宗。」
白壽彝《中國通史》：
「寶應元年（762）……安史之亂已持續了七年之久……」

叛軍其實快**不行了**，

軍事科學院《中國軍事通史》：
「史思明所部節度使皆為安祿山舊將，多數不服史朝義調遣。至此，這個軍事集團四分五裂，無力組織大規模攻勢。」

此時李豫喵開始向**外族借兵**。

《資治通鑑．卷二二二》：
「上（李豫）遣中使劉清潭使於回紇，修舊好，且徵兵討史朝義。」

這外族大軍可是十分**凶悍**的，

叛軍本身就已**瑟瑟發抖**，

軍事科學院《中國軍事通史》：
「由於回紇兵剽悍驍勇，以前屢次重創安史軍，使史軍心有餘悸，所以此次出兵對史軍在精神上具有很大的威懾作用。」

突然兩邊聯手了起來……

王仲犖《隋唐五代史》：
「唐代宗寶應元年（公元 762 年），唐又向回紇請援。回紇可汗親率精騎，與唐聯軍發動反攻。」

直接就被打得**「喵仰馬翻」**。

軍事科學院《中國軍事通史》：「僕固懷恩派精銳騎兵及回紇兵沿南山迂回史軍陣後，從左右兩翼夾擊，僕固懷恩從正面進擊，大破史軍……唐軍主力獲勝後，又在城北石榴園、老君廟等地，連續大敗史軍。此戰，史軍被殺6萬，被俘2萬，史朝義僅率數百騎向東逃竄。」

而為了**瓦解**對方的**士氣**，
李豫喵還使用了**「招降」**。

軍事科學院《中國軍事通史》：「寶應元年（762年）……僕固懷恩見史朝義所置節度使尚多，各擁有重兵，如果一一討平，則河北戰事勢將延長時日……建議採用納降分化之計，以廣招來者，分解史軍陣營，早致太平。」

也就是只要肯**投降**，
不但**不處罰**……

《冊府元龜．卷八十八》：「（762年）十一月辛巳，（李豫）詔東都、河北應受賊脅從署偽官並偽出身，悉原其罪，一切不問。」

【如果歷史是一群喵】

還給**獎賞**！

《唐大詔令集．卷二》：「逆賊史朝義已下，有能投降及率眾歸附者，當超與封賞。」

這下叛軍那邊內心是真的**崩潰了**，

過來投降的是一群接著一群。

王仲犖《隋唐五代史》：「唐代宗寶應元年（公元 762 年）……史朝義逃奔河北，再次收兵向唐軍反攻，再次失敗。以後他的部下將領陸續降唐……」

沒多久，**叛軍**那邊就基本**跑光了**，

牛致功《安祿山史思明評傳》：
「追隨史朝義很久的範陽人，都看到史朝義必敗無疑了。於是，這些人都向史朝義拜辭而去。眼看部下紛紛離去……眾叛親離，走投無路，迫使史朝義絕望了。」

剩下光桿司令只能**「領便當」**收場……

《資治通鑑．卷二二二》：
「廣德元年（763年）……朝義涕泣而已，獨與胡騎數百既食而去。東奔廣陽，廣陽不受；欲北入奚、契丹，至溫泉柵，李懷仙兵追及之；朝義窮蹙，縊於林中……」

至此，唐皇朝這場歷經**八年**的**動亂**宣告**結束**。

軍事科學院《中國軍事通史》：
「廣德元年（763年），史朝義兵敗自盡而死，持續8年的安史之亂終於平定。」

它給大唐帶來了極大的**破壞**，

朱紹侯《中國古代史》：
「總而言之，安史之亂造成了極其嚴重的破壞。」

耕地**荒蕪**，

軍事科學院《中國軍事通史》：
「安祿山和史思明領導的這個武裝集團具有較多的野蠻性，他們所到之處肆行殺戮，破壞生產，使得田園荒蕪，人口銳減。」

喵民數量**銳減**。

朱紹侯《中國古代史》：
「安史之亂給社會經濟造成了極大破壞。亂前全國戶數 890 多萬，亂後僅剩 190 多萬。」

且因長年集中兵力**平亂**，
更導致**邊境空虛**。

軍事科學院《中國軍事通史》：
「在討伐安史叛亂期間，西北邊兵大量東調，使得邊防空虛。」

從而也**打破**了原來**大一統**的局面，

樊樹志《國史概要》：
「肅宗和代宗都積極鼓勵叛軍首領自動投降……與其說是中央政府鎮壓叛亂，不如說是以妥協方式結束叛亂。這種妥協的代價是昂貴的，它使全國處於混亂多事和分裂的狀態之中。」

致使**地方**力量**崛起**，

中央集權的**力量**被嚴重**削弱**，

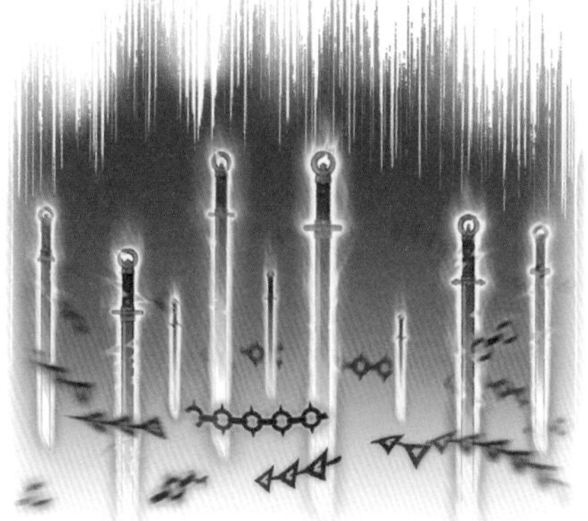

朱紹侯《中國古代史》：「安史之亂還打破了唐王朝的統一局面，藩鎮割據勢力在亂後越來越強大，嚴重削弱了中央集權的力量。」

唐皇朝從此**由盛轉衰**。

朱紹侯《中國古代史》：「（安史之亂）後，統一、繁榮、強盛的統治局面成為過去，唐王朝開始走向下坡路。」

那麼，千瘡百孔的大唐將**何去何從**呢？

（且聽下回分解。）

歷時八年，安史之亂終於宣告結束。而唐朝之所以能獲勝，除了代宗個人的努力，還有幾個重要原因。首先，安史叛軍所到之處遍布殺戮，所以不得人心，唐朝堅持平叛、維護統一則是人心所向。其次，叛亂前期，唐朝之所以無力還手，更多的是因為被打了個措手不及。而當雙方開始僵持，唐朝就有時間運送軍糧，調集原本布置在西北邊境的邊防兵參戰，最終戰勝叛軍。然而，邊防兵參與中原作戰導致了唐邊境的空虛，外族屢次進犯大唐。在這樣的情況下，代宗急於早日平叛，只能採取招降方式安撫叛軍將領。而這也導致了這些降將在戰後擁兵自重、後患無窮，統一、強盛的大唐也就此落下帷幕。

安祿山——拉麵（飾）

史思明——年糕（飾）

李豫——烏龍（飾）

參考來源：《舊唐書》、《新唐書》、《資治通鑑》、《冊府元龜》、《唐大詔令集》、傅樂成《中國通史》、岑仲勉《隋唐史》、白壽彝《中國通史》、樊樹志《國史概要》、朱紹侯《中國古代史》、王仲犖《隋唐五代史》、張國剛《唐代藩鎮研究》、牛致功《安祿山史思明評傳》、軍事科學院《中國軍事通史》、張豈之《中國歷史．隋唐遼宋金卷》

【最強說客】

唐軍爭取到的外族叫回紇，
而叛軍其實也想爭取。
只不過，唐軍派出的說客是
回紇可汗的岳父，
實在沒法比。

【難兄難弟】

安祿山和史思明
不僅前後腳出生，
一起造反，還都稱過帝，
最後連死都同樣是被兒子害死，
可謂難兄難弟。

【夫妻失散】

李豫平叛也付出了很大代價，
他的皇后因為戰亂
曾兩次身陷叛軍，
後來李豫花了十多年
也沒有找到她。

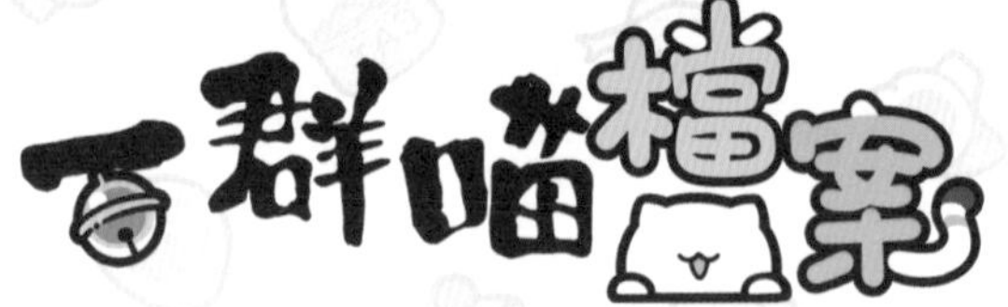

烏龍小劇場

《烏龍微笑 1》

《烏龍微笑 2》

烏龍
巨蟹座
生日：7月 11 日
身高：180 公分
喜歡的中式菜餚：紫菜蛋花湯
喜歡的動物：兔子
（烏龍擬人介紹）

烏龍的水晶球
Wulong's crystal ball

第九十五回 ◉ 藩鎮割據

西元**763年**，

歷經三代皇帝的**安史之亂**終於**塵埃落定**。

張豈之《中國歷史．隋唐遼宋金卷》：

「寶慶元年（762）十月唐軍在回紇兵協助下收復洛陽。次年正月史朝義自縊身亡，黨羽降唐，歷時八年的安史之亂結束。」

唐皇朝勉強**恢復**了統治，

然而長期的**內亂**也使**外敵**有了入侵的**機會**。

范文瀾《中國通史》：

「安、史反叛，朝廷調西北兵參加征伐，邊鎮只留一些老弱兵，吐蕃乘機奪取唐地，河西隴右為吐蕃所占有。」

軍事科學院《中國軍事通史》：

「吐蕃乘唐朝內部發生安史叛亂，西北邊防空虛之機，攻陷隴右、河西數十州，並一度攻陷長安，給唐朝的統治造成很大的威脅。」

在這樣的情況下，

大唐只能以**冊封藩鎮**的形式讓**降將**們**鎮守邊疆**。

張豈之《中國歷史・隋唐遼宋金卷》：「安史之亂平息後，唐王朝對叛軍舊部採取妥協安撫政策，『瓜分河北地以授叛將』，原來的節度使兵權依舊，而且勢力更大，數量更多了，形成了所謂藩鎮……」

而為了**防止叛亂**再度發生，

中原地區也**設立藩鎮**。

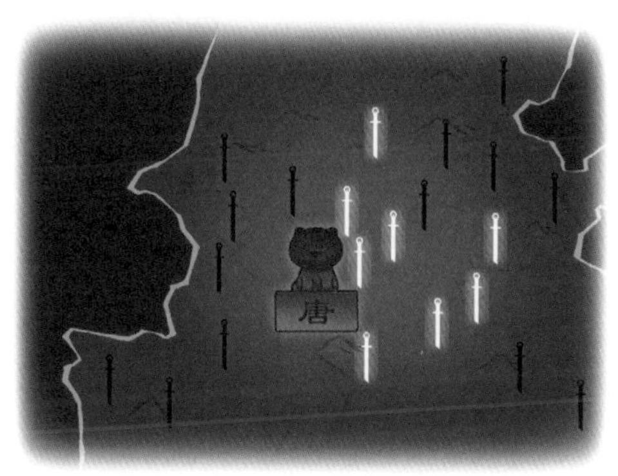

張豈之《中國歷史・隋唐遼宋金卷》：「安史亂中玄宗曾下令中原內地『分命節帥以扼要衝』，叛亂平息後仍未撤去，發展成新的藩鎮勢力。」

從那時起，**大唐**國土上開始**藩鎮林立**，

張豈之《中國歷史・隋唐遼宋金卷》：「結果，使原來只設立於邊地的節度使發展到內地，『方鎮相望於內地，大者連州數十，小者尤兼三四』，在全國形成了藩鎮林立的局面。」

最終形成了**邊境**藩鎮**防禦外敵**，

朱紹侯《中國古代史》：「邊疆型藩鎮……主要是為防遏周邊少數民族的入侵而設置的。」

而**中原**藩鎮**提防邊境**藩鎮的局面。

朱紹侯《中國古代史》：「中原型藩鎮……從地理位置來看，控扼河朔，屏障關中，對河朔叛鎮起防範作用……」

這之中有**一個喵**利用這種局面迅速**崛起**，

他就是降將**田承嗣喵**。

白壽彝《中國通史》：

「唐肅宗務在『禁暴戢兵』，屢次赦宥，安、史舊將多既往不咎……遂奏請田承嗣及李懷仙、張忠志、薛嵩等四人分帥河北諸郡。因而原安、史降將又受到重用，專方面之任。」

承嗣喵出身於**軍官家庭**，

《舊唐書．卷一四一》：

「田承嗣，平州人，世事盧龍軍為裨校。」

從爺爺那代開始就是**鄉里惡霸**，

《舊唐書．卷一四一》：

「……以豪俠聞於遼、碣。」

到他長大後從軍也**彪悍**異常。

《舊唐書．卷一四一》：「承嗣，開元末為軍使安祿山前鋒兵馬使，累俘斬奚、契丹功，補左清道府率，遷武衛將軍。」

可以說，承嗣喵天生就是**「牆頭草」**高手。

一開始，他是**跟著叛軍**那邊搞事的，

《舊唐書．卷一四一》：「祿山構逆，承嗣與張忠志等為前鋒，陷河洛。」

可無論叛軍裡誰**當老大**，

牛致功《安祿山史思明評傳》：「安祿山被其子安慶緒所殺。安慶緒取代安祿山的地位……史思明乘機殺了安慶緒……自稱大燕皇帝……不足四年，史思明的兒子史朝義又殺了史思明。」

他都照樣當**「高管*」**。

《舊唐書·卷一四一》：「祿山敗，史朝義再陷洛陽。承嗣為前導，偽授魏州刺史。」

* 高管：高級主管

等到**叛軍**快要**堅持不住**時，

白壽彝《中國通史》：「廣德元年（763）正月，田承嗣見官軍已收復大部分州郡，偽大燕政權已分崩離析，士氣低落……」

他又順手把**隊友一賣**，

《新唐書·卷二一〇》：
「僕固瑒追北，承嗣急，乃詐朝義使自求救幽州。承嗣守莫，因執賊妻息降於瑒……」

到了**大唐**那邊去**當官**。

《新唐書·卷二一〇》：
「當是時，懷恩功高，亦恐賊平則任不重，因建白承嗣等分帥河北，賜鐵券，誓不死。拜承嗣莫州刺史，三遷至貝博滄瀛等州節度使，檢校太尉。」

真是**賊得狠**呀……

而唐朝這邊為了**防止**降將們**再次反叛**，

白壽彝《中國通史》：
「唐廷為防止田承嗣等降將再生事端……」

就盡力**籠絡**他們。

白壽彝《中國通史》：
「對他們實行了籠絡政策……」

歸順了大唐的承嗣喵不僅**沒有**受到**處罰**，

《舊唐書・卷一四一》：
「帝以二凶繼亂，郡邑傷殘，務在禁暴戢兵，屢行赦宥，凡為安、史詿誤者，一切不問……乃以承嗣檢校戶部尚書、鄭州刺史。」

還連續**升官**。

白壽彝《中國通史》：

「自廣德元年（763）閏正月授任田承嗣為莫州刺史起，至大歷八年（773）九月為止，在這十年之間，田承嗣先後遷任魏、博、德、滄、瀛五州都防禦使、魏博節度使、檢校太尉、雁門郡王。」

皇帝甚至把**公主**都**嫁**到他們家，

白壽彝《中國通史》：

「唐代宗還將其女永樂公主下嫁給田承嗣之子田華，以示恩寵，欲結其心。」

《新唐書．卷二一〇》：

「（田承嗣）又求兼宰相，代宗以寇亂甫平，多所含宥，因就加同中書門下平章事，封雁門郡王，寵其軍曰天雄，以魏州為大都督府，即授長史，詔子華尚永樂公主，冀結其心。」

可即便如此，承嗣喵也**沒有**一絲**感念**，

* 十動然拒：「十分感動然後拒絕」的簡寫。

白壽彝《中國通史》：

「田承嗣『生於朔野，志性凶逆』，多年隨從安祿山，素以戎馬為事，『不習教義』。皇帝的頻頻恩寵，只能使他志得意滿。」

他反而**想要更多**。

《新唐書・卷二一〇》：

「承嗣沉猜陰賊，不習禮義。既得志……而性著凶詭，愈不遜。」

為了**增強實力**，

承嗣喵**強迫**所有青壯年喵民**參軍**，

《舊唐書・卷一四一》：

「（田承嗣）計戶口之眾寡，而老弱事耕稼，丁壯從征役，故數年之間，其眾十萬。仍選其魁偉強力者萬人以自衛，謂之衙兵。」

而且**官員**都由**自己任免**，

《舊唐書・卷一四一》：

「郡邑官吏，皆自署置……」

連藩鎮內所有**稅收**也**占為己有**。

《舊唐書·卷一四一》：
「戶版不籍於天府，稅賦不入於朝廷，雖曰藩臣，實無臣節。」

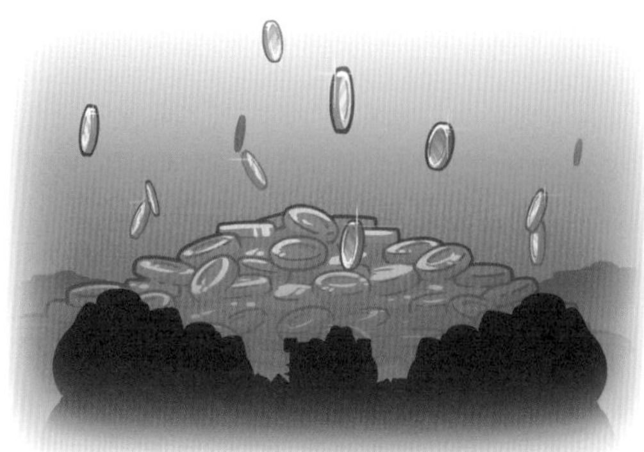

在這一系列運作下，
他的藩鎮**實力大漲**。

白壽彝《中國通史》：
「他（田承嗣）還專擅管內政治、經濟、財力……使得魏博鎮很快成為一個獨立王國。田承嗣還召募軍中驃悍的子弟置於部下，作為自己的侍衛，號稱牙軍……牙兵『父子世襲，姻黨盤互，驕悍不顧法令』。當時有句諺語說：『長安天子，魏府牙軍。』這支強悍的牙軍，成為田承嗣割據稱雄的馬前卒。」

這樣的行為自然也會**招來**朝廷的**警告**，

《舊唐書·卷一四一》：
「承嗣使親黨扇惑相州將吏謀亂，遂將兵襲擊，謬稱救應。代宗遣中使孫知在使魏州宣慰，令各守封疆。」

但……根本**沒啥用**。

《舊唐書．卷一四一》：

「承嗣不奉詔……」

他還把**其他藩鎮**的領地給**搶了**，

白壽彝《中國通史》：

「田承嗣終以武力奪取了相、衛四州之地，說明了唐廷對藩帥的籠絡與姑息政策的徹底破產。」

這就**真的**把朝廷**惹毛**了。

白壽彝《中國通史》：

「在這種情況下，唐廷才不得不用武力征討。」

西元775年，
大唐派**八個藩鎮**聯手**出兵**。

白壽彝《中國通史》：
「這年（775年）四月，唐代宗下詔，暴露田承嗣劫奪州郡、對抗朝廷的罪狀，將他『貶永州刺史，仍許一幼男女從行』，同時還詔命成德節度使李寶臣、幽州節度留後朱滔、昭義節度李承昭、淄青節度李正己等八節度使，合力討伐田承嗣。」

所謂雙拳**難敵**四手，
一挑八，承嗣喵還是**很吃力**的。

軍事科學院《中國軍事通史》：
「田承嗣見諸鎮兵四合，部將多有叛降，心中大懼。」

於是乎，**「牆頭草」**技能**發動**了。

他開始**離間**前來圍攻的**藩鎮**，

軍事科學院《中國軍事通史》：「（775年）九月……田承嗣率軍往救，使其卒偽裝成淄青、成德兵卒，互傳雙方薪餉厚薄，以挑撥相互之間的關係。」

一會兒**吹捧**這個，認其當大哥；

我實在太仰慕你了！愛你愛你！

《資治通鑑．卷二二五》：「（775年）十月……初，李正己遣使至魏州，承嗣囚之，至是，禮而遣之，遣使盡籍境內戶口、甲兵、谷帛之數以與之……立使者於廷，南向，拜而授書；又圖正己之像，焚香事之。正己悅，遂按兵不進。於是河南諸道兵皆不敢進。」

一會兒又去撩那個，承諾**給**他**好處**。

《資治通鑑．卷二二五》：「承嗣既無南顧之虞，得專意北方……（田承嗣）又令客說之（李寶臣）曰：『公與朱滔共取滄州，得之，則地歸國，非公所有。公能舍承嗣之罪，請以滄州歸公，仍願從公取範陽以自效。公以精騎前驅，承嗣以步卒繼之，蔑不克矣。』寶臣喜，謂事合符讖，遂與承嗣通謀……」

一頓**忽悠**下來，

八個藩鎮被攪得**「一團糟」**。

打了一年，還是**沒打下來**……

白壽彝《中國通史》：「唐廷調動了八個藩鎮的兵力進討魏博鎮，戰爭打了近一年，雙方始終未能取得多大進展，相持不下。」

而承嗣喵也清楚**不「硬來」**的道理，

打不過了，就寫「檢討書*」**認錯**。

* 檢討書：用書面形式所做的自我批評，類似悔過書。

白壽彝《中國通史》：「田承嗣曾兩次上表，請求入朝謝罪。」

等風頭**過了**，

軍事科學院《中國軍事通史》：「代宗知已無法討伐，只好於十一年（776年）二月，下詔停止用兵，恢復田承嗣官爵，允其入朝。」

又再**搞事**……

白壽彝《中國通史》：「田承嗣的再次請求入朝，不過是故伎重演……但他並非誠心歸順朝廷，因此逗留不朝。僅過了三個月的時間，便再次挑起了戰端。」

反正就是在搞事和認錯之間**反覆橫跳**。

白壽彝《中國通史》：
「田承嗣始終不入朝，再加上助李靈曜作亂，又激怒了朝廷，於是唐代宗於大曆十二年(777)三月再次詔令討伐。這次頒行的討伐詔令只不過是虛張聲勢，田承嗣又一次上表謝罪，事情也就不了了之……」

仗著**實力強大**，朝廷也拿他**沒辦法**……

白壽彝《中國通史》：
「這時，田承嗣已據有魏、博、相、衛、洺、貝、澶七州之地，擁有軍隊十多萬人，成為河北三鎮中的強者。」

承嗣喵的行為是當時大唐的一個**普遍現象**，

《資治通鑑．卷二二五》：
「是時田承嗣據魏、博、相、衛、洺、貝、澶七州，李寶臣據恆、易、趙、定、深、冀、滄七州，各擁眾五萬；梁崇義據襄、鄧、均、房、復、郢六州，有眾二萬；相與根據蟠結……」

擁有軍事力量的藩鎮，
實際上已經**脫離**了中央的**控制**。

《資治通鑑·卷二二五》：
「……雖奉事朝廷而不用其法令，官爵、甲兵、租賦、刑殺皆自專之，上寬仁，一聽其所為。朝廷或完一城，增一兵，輒有怨言，以為猜貳，常為之罷役；而自於境內築壘、繕兵無虛日。以是雖在中國名蕃（藩）臣，而實如蠻貊異域焉。」

他們各自都在追求**更強大**的實力，

有時**互相兼併**，

《新唐書．卷五十》：
「（藩鎮）喜則連橫而叛上，怒則以力而相併……」

有時甚至**聯手對抗**中央。

白壽彝《中國通史》：
「安史之亂後，唐朝內憂外患重重，政治危機四伏，最使統治者感到煩惱的就是藩鎮割據……他們擁有大量軍隊，修築城堡，自設文武官吏，自己徵收賦稅，不向國家繳納貢賦，同時互相勾結抗拒朝廷。」

藩鎮的林立，
嚴重影響了大唐在政治、軍事上的**統一**。

張豈之《中國歷史．隋唐遼宋金卷》：
「藩鎮與中央之間、藩鎮與藩鎮之間都存在著矛盾，『喜則連橫而叛上，怒則以力而相併』，使唐後期的政局極為動蕩。」
軍事科學院《中國軍事通史》：
「藩鎮動亂，對抗朝廷，削弱了中央集權，導致政令不通，激化了社會矛盾。」

華夏大地在動亂**平息後**，
又進入了**割據狀態**。

白壽彝《中國通史》：

「代宗分別任命史朝義降將薛嵩為相、衛、邢、洺、貝、磁六州節度使，田承嗣為魏、博、德、滄、瀛五州都防禦使……這一決策，鑄成了河北三鎮獨立的大錯，開唐代藩鎮割據稱雄的先河。」

那麼，**大唐**又將**如何面對**這一局面呢？

（且聽下回分解。）

編者按

藩鎮割據的出現，影響了唐朝歷史長達百餘年。一方面，諸多藩鎮在其割據地區實行暴虐統治，比如田承嗣就在魏博鎮收取重稅，這無疑加大了百姓們的負擔；另一方面，各地藩鎮的林立，嚴重影響了唐朝在政治上、軍事上的統一，大大削弱了朝廷集權。藩鎮和唐中央、藩鎮之間，都時常爆發小型的戰爭，使唐朝後期的政局極為動蕩不安。由此，對藩鎮的評價一直以來都是負面居多。但同時，我們也應當看到，在當時的情況下，唐朝中央沒有強大的軍事力量，而中原藩鎮的存在，恰恰改變了安史之亂前「外重內輕」的軍事格局，邊疆和中原皆宿有重兵，彼此牽制，相互制衡，某種意義上反而起到了延續唐朝生命的作用。

田承嗣——煎餅（飾）

參考來源：《舊唐書》、《新唐書》、《資治通鑑》、白壽彝《中國通史》、范文瀾《中國通史》、朱紹侯《中國古代史》、軍事科學院《中國軍事通史》、牛致功《安祿山史思明評傳》、張豈之《中國歷史 · 隋唐遼宋金卷》

【治軍奇才】

田承嗣治軍很厲害。
大雪天裡，
他的軍營可以做到全員整裝待發，
但卻沒有一點聲音，
可見軍紀之嚴。

【馬屁高手】

為了離間藩鎮聯軍，
田承嗣不僅賄賂對方的將領，
還把人家的畫像當神一樣供奉，
結果還真打動了對方。

【只跪一人】

田承嗣平時狂妄，
唯獨對唐朝的大將軍
郭子儀比較敬重。
他曾表示自己誰都不跪，
只跪郭子儀。

煎餅小劇場

《獨自練習》

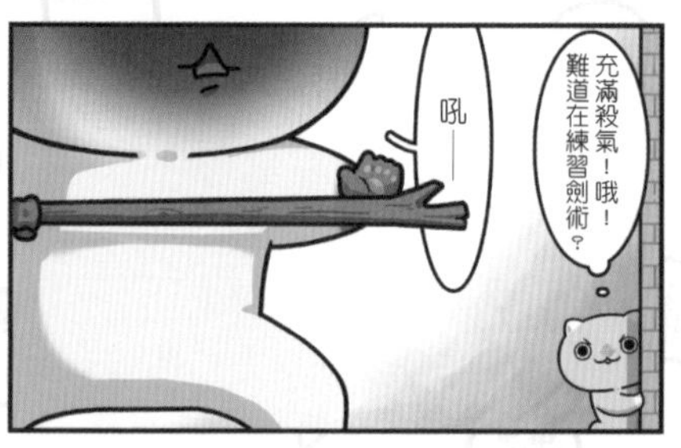

《夢醒時分》

雙魚座

生日：3 月 3 日

身高：182 公分

喜歡的中式菜餚：椰子雞

喜歡的動物：海豚

（煎餅擬人介紹）

煎餅的水晶球
Jianbing's crystal ball

第九十六回 ◉ 元和中興

安史之亂後，
唐朝形成了**藩鎮割據**的局面。

《玉海．卷一三八》：
「安史平而藩鎮之禍方始。」
《新唐書．卷五十》：
「大盜既滅，而武夫戰卒以功起行陣，列為侯王者，皆除節度使。由是方鎮相望於內地，大者連州十餘，小者猶兼三四。」

河朔地區的藩鎮更是**長期**與朝廷**對峙**，

軍事科學院《中國軍事通史》：
「在唐代的藩鎮叛亂事件中，以河朔諸鎮為最多，且長期割據與朝廷對峙。」
張國剛《唐代藩鎮研究》：
「河朔割據型（簡稱河朔型）：魏博、成德、盧龍、易定、滄景、淮西、淄青。」

他們不僅**自設官吏**，

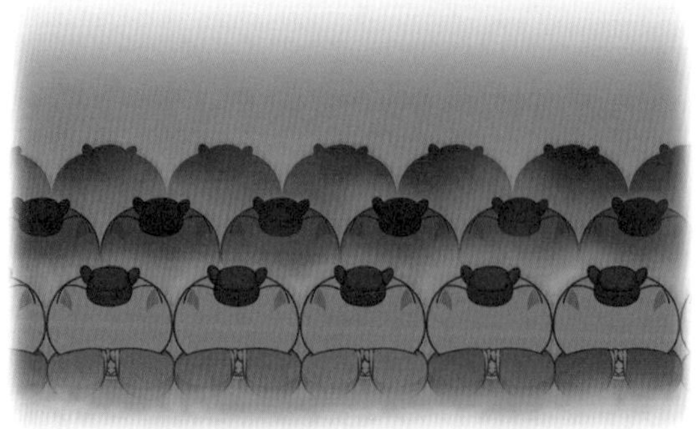

軍事科學院《中國軍事通史》：
「這些藩鎮皆招兵買馬，私設官署……他們對所屬州縣長吏的任用，仍以舊例委親信充任，並廣置鎮將統領各地駐軍，嚴密控制地方事務。」

領導權也內部**世襲**，

軍事科學院《中國軍事通史》：「此外，這些節帥的繼任，或父死子繼，兄終弟及……」

簡直如同一個個**獨立王國**。

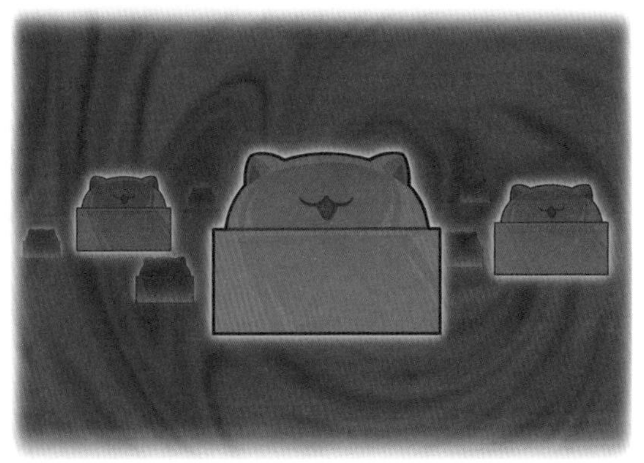

《新唐書・卷五十》：「天子顧力不能制，則忍恥含垢，因而撫之，謂之姑息之政……由是號令自出，以相侵擊，虜其將帥，並其土地，天子熟視不知所為，反為和解之，莫肯聽命。」

藩鎮問題已經對中央造成了嚴重的**威脅**。

軍事科學院《中國軍事通史》：「安史之亂前大一統的政治局面不復存在，朝廷政令不能通達各地，對軍事、經濟以及政局的穩定都帶來嚴重的後果。」

於是乎，從大唐的**第九代**皇帝開始，

便決心**打擊藩鎮**，

張崑之《中國歷史．隋唐遼宋金卷》：

「唐德宗李適是代宗的嫡長子，繼位後勵精圖治，節儉勤政……集中力量與藩鎮進行鬥爭。」

注：唐德宗李適為唐朝第九代皇帝。

然而藩鎮的**實力**卻非常**強悍**。

張國剛《唐代藩鎮研究》：

「（德宗）建中初……以河北三鎮而論，（兵力）已是二十餘萬，約為天寶時河北軍隊的二倍。」

經歷兩代皇帝的努力，

割據的局面仍然**沒有**得到很好的**改善**。

《唐史論斷．卷下》：

「德宗嘗以魏博叛逆，遣將討之，反致大亂。」

長孫博《歷史學基礎名詞解釋》：

「永貞元年（805年），順宗即位……進行政治改革，主要內容是免除民間六稅和各種雜稅，收回兵權，抑制藩鎮勢力。改革受到了宦官和藩鎮的聯合抵制，順宗被迫退位。」

削藩這個擔子繼續傳到**新一代**唐皇帝肩上，

軍事科學院《中國軍事通史》：
「這位年輕的皇帝，為改變藩鎮割據的局面，敢於正視和改變不利因素，積極利用有利條件……」

他，就是唐憲宗**李純喵**！

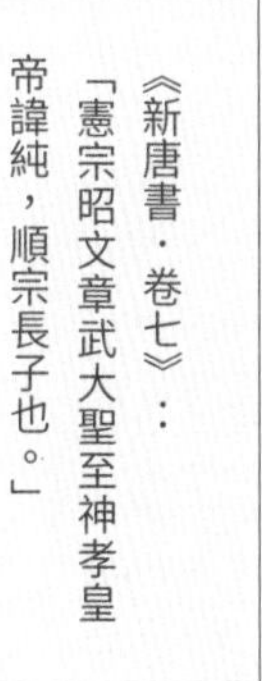
《新唐書·卷七》：
「憲宗昭文章武大聖至神孝皇帝諱純，順宗長子也。」

李純喵**出生時**，
大唐已經走著**下坡路**。

朱紹侯《中國古代史》：
「廣德二年（763年）初，史朝義在唐軍的追擊下走投無路，窮途自殺……亂後，統一、繁榮、強盛的統治局面成為過去，唐王朝開始走下坡路。」
《舊唐書·卷十四》：
「憲宗……大歷十三年（778年）二月生於長安之東內。」

他爺爺**唐德宗**就決心要**解決**藩鎮割據的**問題**，

白壽彝《中國通史》：
「唐憲宗（778—820），名李純，順宗長子……其祖父德宗……」
「德宗即位後，藩鎮勢力有增無減，德宗再也不能容忍，一心想要平定藩鎮。」

可惜卻被**打了回來**，

翦伯讚《中國史綱要》：
「建中四年（783年），唐軍被淮西軍圍困於襄城，唐王朝調涇原兵前往援救。涇原兵在長安叛變，擁朱泚為秦帝。」

搞得要帶著他爹和他**倉皇逃跑**……

《資治通鑑・卷二二八》：
「賊（涇原兵）已斬關而入，上（德宗）乃與王貴妃、韋淑妃、太子、諸王、唐安公主自苑北門出……夜至咸陽……自咸陽幸奉天。」
李天石《唐憲宗傳》：
「年幼的李淳（純）隨德宗出奔奉天……」

史稱**「奉天之難」**。

《新唐書．卷七》：
「德宗……及奉天之難，深自懲艾，遂行姑息之政。」

後來他爹**唐順宗**準備接班，

《舊唐書．卷十四》：
「順宗至德大聖大安孝丘帝諱誦，德宗長子……貞元二十一年（805年）正月癸巳，德宗崩，丙申，即位於太極殿。」

也**決心**要**解決**藩鎮問題，

白壽彝《中國通史》：
「順宗……也想有所作為，進行一些政治改革，這就是順宗時的『永貞革新』……」
韓國磐《隋唐五代史綱》：
「永貞革新……打擊了當時的方鎮割據勢力。」

可惜還**沒開始**……就**中風**了。

《舊唐書．卷十四》：
「上（順宗）自（貞元）二十年（804年）九月風病，不能言……」

雖然**身殘志堅**地折騰了一段時間，

《資治通鑑．卷二三六》：
「時順宗失音，不能決事，常居宮中施簾帷……百官奏事，自帷中可其奏。」

但最終還是**被**大臣們**拱成**了**太上皇**，

范文瀾《中國通史》：
「宦官俱文珍等和反王伾、王叔文的朝官結合起來，擁立唐順宗的長子李純為皇帝，唐順宗退位稱太上皇。」

這才到了李純喵**上位**。

《舊唐書・卷十四》：

「順宗即位之年（805年）四月，冊（李純）為皇太子。七月乙未，權勾當軍國政事。月丁酉朔，受內禪。乙巳，即皇帝位於宣政殿。」

李純喵同樣以**解決藩鎮**為目標，

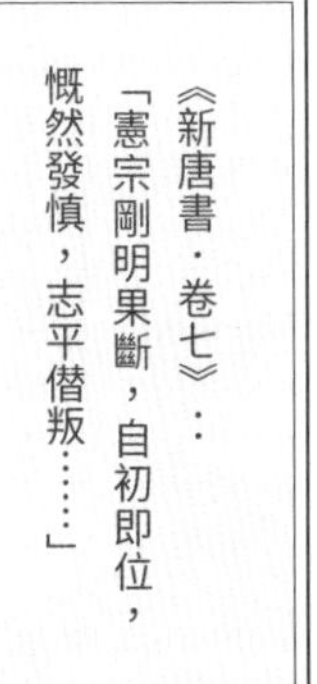

《新唐書・卷七》：

「憲宗剛明果斷，自初即位，慨然發憤，志平僭叛……」

唐
讓他們知道朕的厲害！

從繼位開始他就**重用賢臣**，

你、你、和你！這塊你們負責！

白壽彝《中國通史》：

「他（李純）先後任用了一批進士出身，年輕有為，忠讜有才幹，力主削藩，反對宦官干擾軍政的宰相。」

不僅注重**農業發展**，

李天石《唐憲宗傳》：

「憲宗重視興修水利，鼓勵百姓植桑種田，發展農業生產。」

對自己也很**節儉**。

《新唐書．卷五十二》：

「因德宗府庫之積，頗約費用，天子（李純）身服浣濯。」

《資治通鑑．卷二三八》：

「元和五年（810年）……上（李純）曰：『……朕日夜思雪祖宗之恥，而財力不贍，故不得不蓄聚耳。不然，朕宮中用度極儉薄，多藏何用邪！』」

雖然在**削藩**問題上，

爺爺和老爸都**沒能成功**，

呃……

但卻為李純喵**攢下**了一些**家底**！

崔瑞德《劍橋中國隋唐史》：

「憲宗在805年登上皇位時，憲宗的的確確發現，他採取強有力的政策所需要的制度手段以及財政、軍事資源基本上已經具備，這應歸功於德宗不事聲張和堅持不懈的努力。」

這就是**「兩稅法」**！

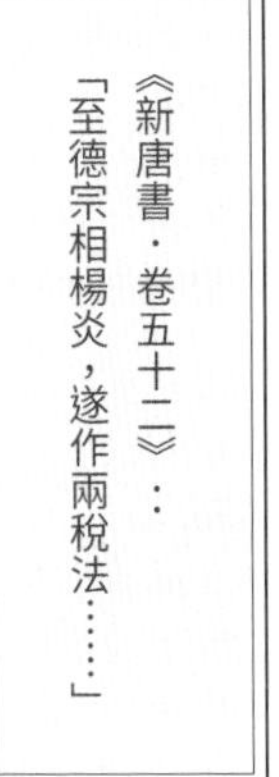

《新唐書．卷五十二》：

「至德宗相楊炎，遂作兩稅法……」

在之前，國家徵稅是**一個**喵民交**一份**稅，

張豈之《中國歷史．隋唐遼宋金卷》：

「唐代前期的財政來源以租庸調為主。」

《新唐書．卷五十二》：

「租庸調之法，以人丁為本……其斂財均……」

可安史之亂後，**喵民**數量**銳減**，

唐長孺《魏晉南北朝隋唐史講義》：「安史之亂過程中，社會經濟遭到了嚴重的破壞……經過這樣的破壞之後，唐朝的人口大量減少。」

田地**荒廢**，

唐長孺《魏晉南北朝隋唐史講義》：「這時，人民大量脫離農業生產……田園荒蕪的情景是十分嚴重的。」

國家的**稅收**也跟著**減少**……

白壽彝《中國通史》：「雖平定了安史之亂，但所面臨的是經濟殘破，戶口流散，農桑失業，財賦收入銳減的局面。」

而**兩稅法**則是根據**財產**來**徵稅**，

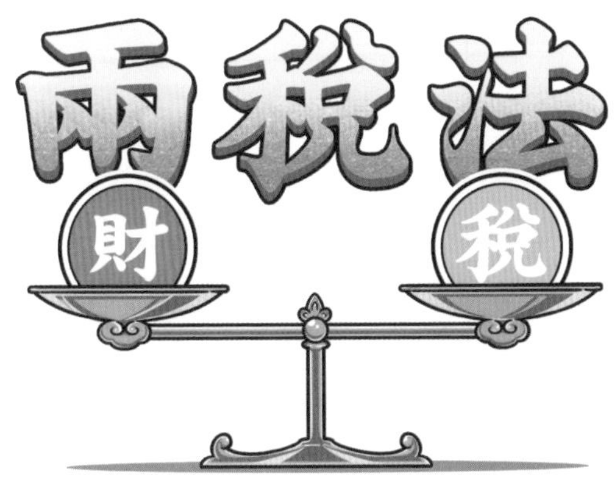

《新唐書・卷五十二》：
「兩稅以資產為宗，不以丁身為本……」

簡單點說就是，

喵民**資產多**的，交的**稅**也要**多**。

《新唐書・卷五十二》：
「……資產少者稅輕，多者稅重。」

這個方法在某種程度上

減少了貧富**徵稅不合理**的現象，

朱紹侯《中國古代史》：
「沒有土地而租種他人土地的人，就只交戶稅，不交地稅。這樣，就多少改變了貧富分擔不均的現象。」

且富喵們多交稅，

也**增加**了國家**財政**的**收入**。

朱紹侯《中國古代史》：

「（兩稅法）規定無論主戶、客戶，均按田畝資產多寡交稅，而且貴族官僚、富商地主也得交納，從而極大地擴大了納稅面，即使政府不增加稅率，也會大大增加收入。」

兩稅法從李純喵**爺爺**那會兒就開始**實施**，

《舊唐書．卷十二》：

「建中元年（780年）春正月丁卯朔，（德宗）禦含元殿，政元建中……自艱難以來，徵賦名目頗多。今後除兩稅外，輒率一錢，以枉法論。」

積累到他這一代，

國家的**「錢袋子*」**已經**充裕**不少。

樊樹志《國史概要》：

「唐憲宗即位後，由於兩稅法取得明顯成效，中央財政狀況有所好轉。」

*錢袋子：錢包、荷包。

這下子……

削藩這筆帳總該要**算一算**了……

翦伯讚《中國史綱要》：

「到憲宗初年，國家財力比較豐厚，又展開了裁抑藩鎮的鬥爭。」

而相比起唐中央的發奮努力，

藩鎮各自**內部**反而**矛盾重重**，

軍事科學院《中國軍事通史》：

「憲宗時期……藩鎮內部矛盾重重，兵驕將悍，藩鎮將帥動輒為部下所殺，有時甚至兄弟相殘，割據者內部日益不穩。」

期間**實力**不斷**降低**。

軍事科學院《中國軍事通史》：

「這一時期藩鎮勢力的削弱和互相之間的矛盾，使割據者自顧不暇……」

這樣的情況下，

李純喵的**削藩**行動**開始**了！

軍事科學院《中國軍事通史》：「唐憲宗……在政治、經濟、軍事等條件基本具備的情況下，開始了掃平藩鎮割據的鬥爭……」

這第一步就是**控制臨近**的一些**藩鎮**，

軍事科學院《中國軍事通史》：「憲宗平定藩鎮……採取先近後遠的策略，即先穩定鄰近藩鎮和東南財賦重地……」

只要是**不聽話**的藩鎮，

傅樂成《中國通史》：「憲宗立後……（劉辟）因兼領東川未遂而叛……元和元年（806）……夏綏留後楊惠琳抗命……次年，鎮海節度使李錡自請入朝，以試探中央意旨。憲宗徵其至京師，錡乃反。」

李純喵上去就是**一頓削**。

軍事科學院《中國軍事通史》：「憲宗在元和元年（806年）、二年（807年），連續削平西川劉辟、夏綏楊惠琳、鎮海李錡的叛亂。這樣，就穩固了後方基地……」

而對於一些藩鎮，
則是用錢**賄賂**。

軍事科學院《中國軍事通史》：「……（憲宗）不惜重資，優賞諸鎮兵，換取他們的支持，使之聽從朝廷的調遣，從而瓦解藩鎮勢力，加快削藩步伐。」

例如花大價錢**犒賞**當地**喵民**，

《資治通鑑・卷二三九》：「元和七年（812年）……遣知制誥裴度至魏博宣慰，以錢百五十萬緡賞軍士，六州百姓給復一年。」

使其**歸順**朝廷。

《資治通鑑．卷二三九》：「軍士受賜，歡聲如雷……（魏博節度使）請度遍至所部州縣，宣布朝命……又奏所部缺官九十員，請有司注擬，行朝廷法令，輸賦稅。」

這樣的做法使中央**掌握**了越來越多的**藩鎮**，

軍事科學院《中國軍事通史》：「西川、夏綏二鎮的平定……使一些藩鎮願意歸順朝廷。」「魏博鎮歸附唐朝廷……盧龍、成德、淄青諸鎮，看到朝廷對魏博的優厚待遇……在一定程度上增加了他們對朝廷的向心力。」

只要誰敢「踙」，

中央就**指揮**一堆藩鎮一擁而上。

《資治通鑑．卷二三九》：「元和十年（815年）……（李純）制削元濟官爵，命宣武等十六道進軍討之。」

《資治通鑑．卷二四〇》：「元和十三年（818年）……（李純）下制罪狀李師道，令宣武、魏博、義成、武寧、橫海兵共討之……」

這樣的打法充分**震懾**了其他不聽話的**藩鎮**，

軍事科學院《中國軍事通史》：「唐軍掃平吳元濟以後，諸鎮震恐……」

只好紛紛表示**歸順**……

《新唐書・卷二一一》：「明年（817年）元濟平，承宗大恐，使牙將石泛奉二子至魏博，因田弘正求入侍，且請歸德、棣二州，入租賦，待天子署吏。」

《資治通鑑・卷二四〇》：「元和十三年（818年）……橫海節度使程權自以世襲滄景，與河朔三鎮無殊，內不自安。己酉，遣使上表，請舉族入朝……」

至此，長達六十年的**藩鎮割據**宣告**結束**。

《資治通鑑・卷二四一》：「元和十四年（819年）……自廣德以來，垂六十年，籓（藩）鎮跋扈河南、北三十餘州，自除官吏，不供貢賦，至是盡遵朝廷約束。」

大唐再次回到了**統一**狀態，

范文瀾《中國通史》：

「憲宗元和時期的削藩戰爭，歷時14年之久，取得了很大的勝利，唐廷的威望有所提高，出現了自安史之亂以來前所未有的統一局面。」

史稱**「元和中興」**。

張豈之《中國歷史・隋唐遼宋金卷》：

「（憲宗）對藩鎮由姑息轉為用兵討伐，取得一系列重大勝利，史有『元和中興』之譽。」

而唐憲宗**李純喵**也成為了**唐中期**後

唯一一位統一全國的君主。

《舊唐書・卷十五》：

「……唐室中興，章武（李純）而已。」

李天石《唐憲宗傳》：

「安史之亂以來中衰的大唐國勢重新為之一振，憲宗成為唐中期以後唯一一位再度統一天下，初步實現國家中興的君主。」

然而，**藩鎮**的問題雖然得到**緩解**，

范文瀾《中國通史》：

「作為唐中期主要矛盾的朝廷和割據勢力間的鬥爭，因唐憲宗的軍事勝利，藩鎮大為削弱，退到次要的地位上去了。」

朝廷**內部**卻出現了**新的問題**。

《舊唐書．卷一九〇》：

「（劉蕡）曰『……以褻近五六人，總天下大政，外專陛下之命，內竊陛下之權，威懾朝廷，勢傾海內，群臣莫敢指其狀，天子不得制其心。』」

這又是什麼呢？

（且聽下回分解。）

編者按

安史之亂後，唐廷因為力量羸弱不得不對藩鎮採取姑息政策。以安史降將為主要領導的淄青、成德、淮西、魏博等鎮趁機相互勾結、割據地方，最終發展成了威脅唐朝的龐大勢力。因此平定藩鎮長時間以來都是唐代中期皇帝的政治訴求。從唐德宗改革稅法、收集軍費，甚至不惜搜刮民脂民膏，到唐順宗死前頒布抑藩措施，最後到唐憲宗歷經十幾年終於削藩成功，必須說，削藩和國家中興的局面是三代帝王共同努力和意志傳承的結果。而就唐憲宗個人而言，在唐朝日薄西山之際，力排眾議、堅定平定藩鎮，展現出了極強的氣魄和個人能力。史學家因此把他和唐太宗、唐玄宗並列，視為唐代值得稱道的「三宗」。

李純——油條（飾）

參考來源：《玉海》、《新唐書》、《舊唐書》、《資治通鑑》、《唐史論斷》、白壽彝《中國通史》、傅樂成《中國通史》、范文瀾《中國通史》、翦伯讚《中國史綱要》、李天石《唐憲宗傳》、朱紹侯《中國古代史》、張國剛《唐代藩鎮研究》、軍事科學院《中國軍事通史》、唐長孺《魏晉南北朝隋唐史講義》、張豈之《中國歷史·隋唐遼宋金卷》、長孫博《歷史學基礎名詞解釋》、韓國磐《隋唐五代史綱》、崔瑞德《劍橋中國隋唐史》、樊樹志《國史概要》

附錄

【晚節不保】

李純在位後期追求長生，
因此吃了很多丹藥，
結果不僅沒成功，
反而越吃越虛……
43歲就「掛」了。

【決不妥協】

曾有藩鎮為了阻止李純削藩，
派刺客暗殺京城官員，
向李純示威。
可他不僅不怕，
還加快了削藩的行動。

【皇后待定】

李純是唐朝第一個
沒有皇后的皇帝。
他曾擔心皇后會和
別的妃子爭風吃醋，
因此直到他「掛」了都沒立皇后。

油條小劇場

《打起精神》

《槓鈴》

油條
射手座
生日：12 月 5 日
身高：185 公分
喜歡的中式菜餚：麻婆豆腐
喜歡的動物：老虎
（油條擬人介紹）

油條的水晶球
Youtiao's crystal ball

第九十七回◉甘露之變

宦官，是**照顧**皇帝及其家族生活的**官員**。

余華青《中國宦官制度史》：

「宦官，是指古代在宮廷內侍奉君主及其家族的官員。」

《新唐書．卷二〇七》：

「太宗詔內侍省不立三品官，以內侍為之長，階第四，不任以事，惟門閤守禦、廷內掃除、稟食而已。」

隨著**唐朝**不斷發生**政變**，

傅樂成《中國通史》：

「唐朝的皇帝，從太宗起，直到最後的哀帝，幾乎每一朝都發生皇位繼承問題，甚至引起政變。」

在皇帝身邊的**宦官**

開始獲得了**參與政治**的機會。

傅樂成《中國通史》：

「宦官勢力的膨脹，主要由於宦官參與唐室皇位繼承的政治鬥爭……玄宗以後皇位繼承的鬥爭，大半由參與者與宦官合謀而達到目的。」

漸漸地……他們甚至**掌握**了**實權**，

傅樂成《中國通史》：
「如肅宗之立，便由於宦官李輔國的效力。肅宗以後的皇帝，除德宗外，無一不由宦官擁立，因此宦官逐漸成為中央大權的掌握者。」

國家**軍權**盡數**落入宦官**手裡。

《新唐書・卷二〇七》：
「德宗懲艾泚賊，故以左右神策、天威等軍委宦者主之，置護軍中尉、中護軍，分提禁兵……」

宦官勢力的**崛起**，
不僅能**干預朝政**，

傅樂成《中國通史》：
「軍政兩方面的大權既然都歸宦官，中央政局遂為宦官所操縱。」

甚至**左右**著**皇位**的繼承。

呂思勉《白話本國史》：
「（805年）宦官借口順宗有病，逼著他傳位於太子，是為憲宗……憲宗晚年，吃了方士的金丹，躁怒無常，為宦官陳弘志所弒……而立穆宗。」

皇權……變得非常**黯淡**。

《資治通鑑．卷二四三》：
「自元和之末（820年），宦官益橫，建置天子在其掌握，威權出人主之右，人莫敢言。」

這樣的情況**延續**到一個**新皇帝**上台，

《新唐書．卷八》：
「寶歷二年（826年）十二月，敬宗崩……乙巳，江王即皇帝位於宣政殿。」

這就是**唐文宗**李昂喵。

《新唐書．卷八》：
「文宗元聖昭獻孝皇帝諱昂，穆宗第二子也。」

《資治通鑑．卷二四三》：
「上（李昂）自為諸王，深知兩朝之弊，及即位，勵精求治……」

李昂喵是個**渴望有作為**的皇帝，

沒事就看**太太太……爺爺**的書。

《舊唐書．卷十七》：
「帝（李昂）在藩時，喜讀《貞觀政要》，每見太宗孜孜政道，有意於茲。」

他不僅生活**節儉**，

《資治通鑑．卷二四三》：

「……（李昂）去奢從儉。詔宮女非有職掌者皆出之，出三千餘人……省教坊、翰林、總監冗食千二百餘員，停諸司新加衣糧。」

工作也非常**認真**。

《資治通鑑．卷二四三》：

「敬宗之世，每月視朝不過一二，上（李昂）始復舊制，每奇日未嘗不視朝，對宰相群臣延訪政事，久之方罷。待制官舊雖設之，未嘗召對，至是屢蒙延問。」

身為皇帝的他自然**清楚**宦官**干政**的**危害**，

《資治通鑑．卷二四四》：

「上（李昂）患宦官強盛，憲宗、敬宗弒逆之黨猶有在左右者。中尉王守澄尤為專橫，招權納賄，上不能制。」

所以**鏟除宦官**勢力便成了他最大的**心願**。

《舊唐書．卷十七》：
「帝（李昂）以累世變起禁闈，尤側目於中官，欲盡除之。」

為了達成目的，
他秘密**培養**自己的**親信**，

《資治通鑑．卷二四四》：
「（李昂）與宋申錫謀誅宦官，申錫引吏部侍郎王璠為京兆尹，以密旨諭之。」
《資治通鑑．卷二四五》：
「李訓、鄭注既得幸，揣知上（李昂）意，訓因進講，數以微言動上。上見其才辯，意訓可與謀大事……遂密以誠告之。訓、注遂以誅宦官為己任，二人相挾，朝夕計議，所言於上無不從……」

又藉機**架空**宦官的**軍權**，

《資治通鑑．卷二四五》：
「［太和九年（835年）九月］戊辰，以右神策中尉、行右衛上將軍、知內侍省事王守澄為左、右神策觀軍容使，兼十二衛統軍。李訓、鄭注為上（李昂）謀，以虛名尊守澄，實奪之權也。」

再把他們一個接一個**幹掉**……

翦伯讚《中國史綱要》：

「文宗擢用李訓和鄭注，貶逐了與宦官有連結的宰相李德裕和李宗閔，鏟除了一些有勢力的宦官。」

《新唐書．卷八》：

「十月辛巳，殺觀軍容使王守澄。十一月乙巳，殺武寧軍監軍使王守涓。」

一頓操作下來，

宦官們確實個個都**瑟瑟發抖**。

《資治通鑑．卷二四五》：

「自中尉、樞密、禁衛諸將見訓皆震慴，迎拜叩首。」

然而，

李昂喵的**做法**卻為**另一個喵**的登場**清除**了障礙。

白壽彝《中國通史》：

「唐文宗倚信李訓、鄭注，欲謀剪宦官……遂於太和九年（835）五月擢任他為左神策中尉、兼左街功德使，以分守澄的權勢。」

他就是大宦官**仇士良喵**。

白壽彝《中國通史》：

「文宗君臣所採取的分化瓦解的策略，曾成功地剪除了王守澄等大宦官，但同時卻也把仇士良推上了政治舞台……」

《新唐書．卷二〇七》：

「仇士良，字匡美，循州興寧人。」

士良喵祖上都是**宦官出身**，

白壽彝《中國通史》：

「（仇士良）出身世代宦官之家。曾祖父官至正議大夫，內給事，賜緋魚袋。祖父為朝議大夫，內常侍，賜紫金魚袋。」

張豈之《中國歷史．隋唐遼宋金卷》：

「（唐末）一些大宦官竟也娶妻收養子，世為宦官，儼然成一世家。」

雖然從進宮開始就**一路晉升**，

韓索林《宦官擅權概覽》：

「順宗李誦即位時……（仇士良）被分派到太子李純的宮中當差，由此得到了升遷的機會……李純即位，改元元和（公元806年），是為憲宗，仇士良因是李純的內侍，被提升為內給事。」

卻**被**其他大宦官所**壓制**，

《資治通鑑．卷二四五》：「上（李昂）之立也，右領軍將軍興寧仇士良有功。王守澄抑之，由是有隙。」

一直沒有**出頭日**。

白壽彝《中國通史》：「仇士良……有翊戴文宗之功，但卻受王守澄的壓抑，數年不能升遷，並出為鄂岳監軍使。」

可沒想到的是……

李昂喵的行動卻給了他**機會**！

《新唐書．卷二〇七》：「文宗與李訓欲殺王守澄，以士良素與守澄隙，故擢左神策軍中尉兼左街功德使，使相糜肉。」

壓在他頭上的宦官……**被除掉**了。

《資治通鑑·卷二四五》：
「李訓、鄭注密言於上（李昂），請除王守澄。辛巳，遣中使李好古就第賜鴆，殺之……」

士良喵因此**時來運轉**，
成了新的宦官**勢力代表**。

白壽彝《中國通史》：
「他掌握了禁軍大權，他同王守澄一樣，一旦得志，也十分猖狂。」

作為大宦官，
士良喵**伺候**了**四代皇帝**，

《新唐書·卷二〇七》：
「仇士良……順宗時得侍東宮。憲宗嗣位，再遷內給事……」
傅樂成《中國通史》：
「憲宗死後，王守澄奉太子恆即位，是為穆宗。穆宗在位四年而死，子湛立，是為敬宗……在位二年，為宦官劉克明所弒……王守澄聞訊，以兵迎立江王……是為文宗。當時宦官中權勢最大的，首推王守澄，其次為陳弘志、仇士良等人……」

還是很懂得**討皇帝開心**的。

《新唐書．卷二〇七》：「士良之老，中人舉送還第……士良曰：『天子不可令閑暇……莫若殖財貨，盛鷹馬，日以球獵聲色蠱其心，極侈靡，使悅不知息……』」

但很**可惜**，

宦官勢力又是李昂喵**必須鏟除**的對象。

軍事科學院《中國軍事通史》：「對於宦官專權情況，文宗深惡痛絕，欲謀鏟除。」

在這樣的**前提**下，

一場行動**悄然開始**了。

軍事科學院《中國軍事通史》：「（文宗）派人以毒酒鴆殺王守澄……左神策軍護軍中尉韋元素、樞密使楊承和、王踐言等大宦官也先後遭貶逐，後又處死。」「文宗、李訓在除掉以上宦官以後，與鄭注等人合謀企圖一舉徹底鏟除宦官勢力。」

西元835年，
李昂喵假借**「甘露」**之名展開**計劃**。

報告皇上，發現甘露了。

《資治通鑑．卷二四五》：
「（太和九年）壬戌，上御紫宸殿。百官班定，韓約不報平安，奏稱：『左金吾聽事後石榴夜有甘露，臣遞門奏訖。』……宰相亦帥百官稱賀。訓、元輿勸上（李昂）親往觀之……」

「甘露」在中國古代是預示天下太平的**祥瑞**。

《藝文類聚．卷九十八》：
「天下太平，符瑞所以來至者……甘露降……」
《古代漢語詞典》：
「甘露：甘美的露水……古人視甘露為祥瑞之兆。」

李昂喵**藉口**讓士良喵前去**查看**，

你去看看吧！
呃……是。

《資治通鑑．卷二四五》：
「（李昂）先命宰相及兩省官詣左仗視之，良久而還。訓奏：『臣與眾人驗之，殆非真甘露，未可遽宣布，恐天下稱賀。』上曰：『豈有是邪！』顧左、右中尉仇士良、魚志弘帥諸宦者往視之。」

其實是**準備**在那兒把他給**「做」了**……

《資治通鑑・卷二四五》：

「宦者既去，訓遽召郭行餘、王璠……時二人部曲數百，皆執兵立丹鳳門外，訓已先使人召之，令人受敕。」

可惜**上天**就是喜歡**開玩笑**，

士良喵卻**發現**了**埋伏**！

《資治通鑑・卷二四五》：

「仇士良等至左仗視甘露，韓約變色流汗。士良怪之曰：『將軍何為如是？』俄風吹幕起，見執兵者甚眾，又聞兵仗聲……」

他立馬拔腿**就跑**，

《資治通鑑・卷二四五》：
「士良等驚駭走出。門者欲閉之，士良叱之，關不得上。」

還**掉過頭來**……
把李昂喵給**綁了**……

軍事科學院《中國軍事通史》：
「仇士良等人至左金吾廳查看甘露，發現有伏兵，急忙走出，奔還含元殿……宦官們搶先一步扶文宗上輿，劫奪還宮。」

皇帝在**對方**手上，
士兵一下子就**懵了**……

軍事科學院《中國軍事通史》：「這時京兆少尹羅立言率士卒300餘人，御史中丞李孝本率御史台從人200餘，皆已入宮登上含元殿，但已來不及了……」

反而**被**士良喵帶領的**禁軍**逐一**反殺**。

讓你耍心眼！

打死你！

啊！

軍事科學院《中國軍事通史》：「仇士良逃出險境後，命左右神策軍副使劉泰倫、魏仲卿各率禁軍500人，露刃出閣門，逢人便殺。」

就這樣，
這場準備不充分的**計劃**宣告**破產**。

呂思勉《白話本國史》：「（文宗）擢用李訓……鄭注先出鎮鳳翔，謀選精兵入京，送王守澄葬，乘勢誅滅宦官還沒到期，李訓就先動手……誰知事機泄露，中尉仇士良、魚弘志，就劫持文宗入宮……大權盡入宦官之手。」

憤怒的士良喵更是**血洗皇宮**，

《資治通鑑．卷二四五》：
「士良等分兵閉宮門，索諸司，討賊黨。諸司吏卒及民酤販在中者皆死，死者又千餘人，橫屍流血，狼藉塗地，諸司印及圖籍、帷幕、器皿俱盡。」

官吏、平民**死傷無數**。

《新唐書．卷二〇七》：
「士良因縱兵捕，無輕重悉斃兩軍，公卿半空。」
白壽彝《中國通史》：
「整個皇宮被攪得天翻地覆，長安城街坊也遭受了一場血腥洗劫。」

這就是歷史上的「**甘露之變**」。

朱紹侯《中國古代史》：「仇士良看出了破綻，急忙劫持文宗回宮，並派出禁軍大肆屠殺……被宦官濫殺者不計其數，這件事史稱『甘露之變』。」

「甘露之變」的發生，

標誌著**宦官勢力**的完全**勝利**。

白壽彝《中國通史》：「你死我活的所謂『甘露之變』，以宦官的勝利宣告結束了。」

皇權從此**受到禁錮**，

趙劍敏《細說隋唐》：「唐文宗誅滅宦官的計劃不僅全面破產，且他誅滅宦官的壯志也從此煙消雲滅。因宦官非但加強了專權，並嚴密地將他監視了起來，實際等於將他軟禁了起來。」

朝中**軍政**皆**決於宦官**，

《資治通鑑．卷二四五》：
「仇士良等各進階遷官有差。自是天下事皆決於北司，宰相行文書而已。宦官氣益盛，迫脅天子，下視宰相，陵暴朝士如草芥。」

宦官成了大唐實際的**統治者**。

朱紹侯《中國古代史》：
「甘露之變以後，宦官一直掌握軍政大權，成為唐王朝的實際統治者。」

在此後的**六十多年**裡，

宦官的**亂政**還激發了**藩鎮**對中央的**不滿**，

韓索林《宦官擅權概覽》：

「一些地方藩鎮對仇士良弄權很不服氣。昭義節度使屢次上奏，聲討仇士良的罪惡，並『訓練士卒』，表示『如奸臣難制，誓死以清君側』。」

致使**藩鎮**經常以去**除宦官**為由**騷擾中央**。

余華青《中國宦官制度史》：

「宦官屢屢滋生事端，激化了中央朝廷與藩鎮將領的矛盾……常常促使一些將帥走上了反叛朝廷的道路，從而助長了藩鎮割據勢力。」

傅樂成《中國通史》：

「僖宗於光啟元年（885）返蹕後，仍信任宦官田令孜。令孜與河中節度使王重榮交惡，重榮上表數令孜十罪……進逼長安。」

大唐，這個**曾經**的**龐然大物**搖搖欲墜。

韓索林《宦官擅權概覽》：

「宦官專權，使朝廷政治腐朽，吏治敗壞……唐王朝在宦官參政，典軍勢力不斷發展的過程中，生命力逐漸衰退。」

然而還有**另一個問題**的存在，

成為了徹底**壓垮**它的稻草。

白壽彝《中國通史》：

「藩鎮林立與宦官專政的問題還在繼續發展，另外，又增加了……這種統治階級內部的矛盾和階級矛盾交織在一起，使廣大農民日益貧困……終於激起了大規模的農民起義，導致唐皇朝的滅亡。」

那麼，**加速**大唐**覆滅**的是**什麼事**呢？

（且聽下回分解。）

編者按

唐朝宦官干政的風氣始於玄宗，經肅、代、德三宗已成氣候，所以到文宗想要解決此問題時已經非常棘手。到此地步，不光是因為他們對「家奴」的放縱和失控，還有一點是出於對官僚集團的失望。比如安史叛軍發動叛亂時，不少文臣武將要麼無能要麼逃跑，或是直接投敵，而宦官卻一直站在皇帝身邊；唐德宗遭遇涇原兵變，關鍵時刻，由大臣控制的禁軍居然一哄而散，最後只有自己一度討厭的宦官前來救駕，逼得德宗只能信賴這群「家奴」。唐文宗本來有望一舉扭轉宦官干政的不利局勢，可惜因為心腹集團產生分裂，導致之前所有的努力功虧一簣。此後，唐朝內有宦官、外有藩鎮，皇帝再也無法掌控全局，唐朝的衰亡就再難避免了。

參考來源：《舊唐書》、《新唐書》、《資治通鑑》、《藝文類聚》、《古代漢語詞典》、白壽彝《中國通史》、傅樂成《中國通史》、呂思勉《白話本國史》、朱紹侯《中國古代史》、翦伯讚《中國史綱要》、韓索林《宦官擅權概覽》、余華青《中國宦官制度史》、軍事科學院《中國軍事通史》、趙劍敏《細說隋唐》、張豈之《中國歷史．隋唐遼宋金卷》

附錄

【抬不起頭】

甘露之變以後，
仇士良非常囂張，
好幾次當面指責李昂。
李昂卻不敢還口，
只能低著頭乖乖挨罵。

【借酒澆愁】

甘露之變失敗以後，
李昂就抑鬱了，
怎樣都開心不起來，
只能靠喝酒來麻痺自己。

【太監世家】

仇士良的爸爸、爺爺、曾爺爺
都是太監。
他們之間其實是
養父和養子的關係，
而他自己也有四個養子是太監。

麻花小劇場

《還給我》

搶劫！把包拿過來！
你們是誰？不要過來！

原來是些練習題啊？
都是些剛買的練習題，不值錢的！放我走吧！

這習題設計得非常好！讓我都幫你做了吧！
啊哈哈哈哈！這習題太棒了！
住手啊！我的練習題！
不要啊……求求你們放過我……
那些習題對我很重要……

《鑿壁偷光》

從前有個窮書生，因為家裡沒錢點燈，便鑿壁借著鄰居家的燈光學習。

太好了，看得清楚了……

這……這是什麼味道?!

怎麼感覺味道怪怪的？
救……救命！

麻花

摩羯座

生日：12 月 24 日

身高：178 公分

喜歡的中式菜餚：北京烤鴨

喜歡的動物：倉鼠

（麻花擬人介紹）

麻花的水晶球
Mahua's crystal ball

第九十八回◉朋黨之爭

唐朝**末期**已經處於**風雨飄搖**之中，

軍事科學院《中國軍事通史》：「唐朝後期，朝政日漸混亂，政治非常黑暗……唐政權動蕩不穩。」

外有**藩鎮威脅**，

朱紹侯《中國古代史》：「元和十五年（820年），憲宗被宦官殺死以後，河朔三鎮又相繼叛亂。自此至唐滅亡，藩鎮林立的割據局面一直延續下去。宣宗以後，唐中央已無力與藩鎮較量，藩鎮割據愈演愈烈。」

內則**宦官專權**。

傅樂成《中國通史》：「甘露之變後，文宗心灰意冷，數年後鬱鬱而死。宦官的權勢，則較前更為擴張，國家大事全由他們決定……」

【如果歷史是一群喵】

而還有另外一個**問題**，
成為了**壓倒**大唐的**最後一根稻草**，

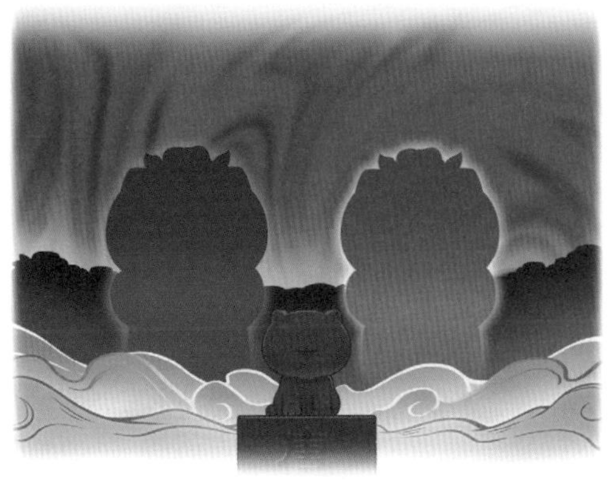

這就是**朋黨之爭**。

白壽彝《中國通史》：「憲宗以後，藩鎮林立與宦官專政的問題還在繼續發展，另外，又增加了朋黨之爭……」

一直以來，唐朝**官員**一般有**兩種出身**，

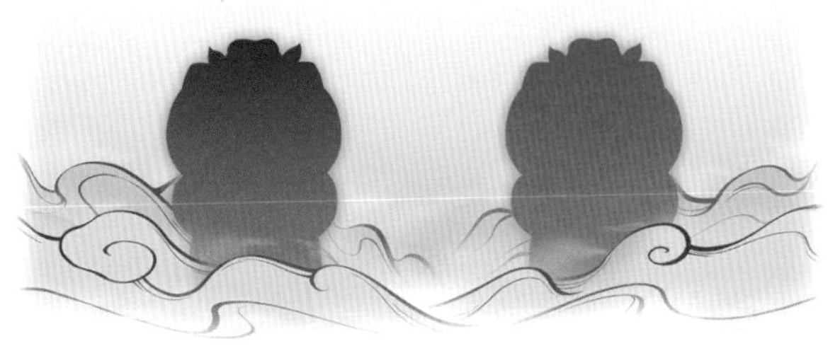

朱紹侯《中國古代史》：「唐廷官僚按其出身而言，主要分為兩類……」

一種是**門閥士族**，

朱紹侯《中國古代史》：「一是門蔭出身者……多傾向於沒落的門閥士族……」

簡單點講，

就是**祖上**有**功勳**，**世代**都能**當官**的喵。

錢穆《國史大綱》：「此等門第，以累世仕宦……建官要職，仍多用世家。大臣恩蔭，得至將相……唐代政權尚與門閥有至深之關係。」

另一種則是**科舉進士及第者**，

朱紹侯《中國古代史》：「……一是科舉進士及第者。」

也就是靠**「考試」**上位的**庶族**。

韓國磐《隋唐五代史綱》：「庶族地主通過科舉參與政權後，形成了唐代政治上一個有勢力的集團。」

雖**同朝**為官，

兩派卻**互看**對方**不爽**。

錢穆《國史大綱》：「中唐以後，進士科遂最為榮重。於是進士科舉與門第任子之兩途，在政治上自然發生衝突。」

士族覺得**庶族「土」**，

朱紹侯《中國古代史》：「士族地主一直閥閱自矜，入唐以來他們的地位雖每況愈下，但自命清高，瞧不起庶族地主，更仇視進士及第者。」

韓國磐《隋唐五代史綱》：「士族重門第……庶族則多無門第，亦即門戶寒微，多為士族所輕視。」

庶族則認為**士族「靠關係」**，

韓國磐《隋唐五代史綱》：「士族反對進士科，累次建議罷廢此科。因為進士科重詩賦文辭，當時亦稱辭科，庶族多由此科出身。」「庶族因科舉特別是進士科是他們進仕的門階，所以一致擁護進士科……常衰為相時，『非以辭賦登科者，莫得進用』。足見士族和庶族，對進士科的態度恰恰相反。」

反正就是**爭個沒完**。

韓國磐《隋唐五代史綱》：「唐朝科舉制度為庶族地主參與政權打開了方便之門……科舉出身的庶族地主和依靠門第的士族地主，發生了不斷的衝突和鬥爭。」

而這之中爭得**最久**、**最狠**的便是**「牛李黨爭」**。

朱紹侯《中國古代史》：
「兩種不同出身官僚之間的明爭暗鬥由來已久，其中歷史最久、鬥爭最烈的是所謂『牛李黨爭』。」

士族領袖**姓李**，被稱為**「李黨」**。

朱紹侯《中國古代史》：
「李黨以李德裕為首領，多以門蔭入仕，代表士族地主。」
傅樂成《中國通史》：
「憲宗時，主張對藩鎮用兵的士大夫，大抵屬於後來的李黨……元和初年，當時李吉甫（德裕之父）為相，主張對藩鎮用兵……」

而**庶族**領袖**姓牛**，則稱為**「牛黨」**。

朱紹侯《中國古代史》：
「牛黨以牛僧孺、李宗閔為首領，多是進士及第者，代表庶族地主……」

兩黨的**矛盾**還得從一場**考試**說起。

韓國磐《隋唐五代史綱》：「牛李之爭的開端，起於公元八〇八年（元和三年）的制科考試。」

西元808年，

牛黨在**進士考試**中**抨擊**當時的**政策**。

《資治通鑑．卷二三七》：「（元和三年，即808年）夏，四月，上（憲宗）策試賢良方正直言極諫舉人，伊闕尉牛僧孺、陸渾尉皇甫湜、前進士李宗閔皆指陳時政之失……」

《樊川文集》：「（牛僧孺）應賢良直諫制，數強臣不奉法，憂天子熾於武功……」

傻子嗎？
垃圾作法！
蠢得不行！
我看要完！
牛

可這個**政策**就是**李黨**和**皇帝制定**的，

陳寅恪《唐代政治史述論稿》：「憲宗為唐室中興英主，其為政宗旨在矯正大歷、貞元姑息苟安之積習，即用武力削平藩鎮，重振中央政府之威望。當時主張用兵之士大夫大抵屬於後來所謂李黨……」

這一噴等於**皇帝**也**「中槍」**。

《新唐書．卷一四六》：「會皇甫湜等對策，指褒權強，用事者皆怒，帝（憲宗）亦不悅。」

簡直就是**給李黨遞刀子**啊……

《資治通鑑．卷二三七》：「李吉甫惡其言直，泣訴於上（憲宗）……」

王炎平《牛李黨爭考論》：「通常認為李黨以李吉甫、李德裕為首……」

於是乎，**牛黨**成功**被貶**……

趙文潤、拜根興《唐憲宗》：「牛、李、皇甫諸人策文中某些話太過分……針對時政，有損他（憲宗）做（作）為皇帝的形象和尊嚴。與此同時，由於牛、李、皇甫三人策文批評時政，事涉宰相李吉甫，李也在憲宗面前泣訴。」

范文瀾《中國通史》：「唐憲宗不問是非，把閱卷有關的大小官都貶竄出京，牛僧孺等也被斥退。」

此次事件的發生，

標誌著**牛李兩黨**的**戰爭正式打響**。

白壽彝《中國通史》：

「元和三年（808），憲宗策試賢良方正直言極諫舉人，牛僧孺、李宗閔在對策中極力指責時政之失……由於宰相李吉甫的反對，韋貫之等人都被貶官。這可以說是朋黨之爭的開端。」

在隨後的時間裡，

兩邊都不斷**集結勢力**。

翦伯讚《中國史綱要》：

「牛李黨爭是官僚集團之間爭權奪利的鬥爭……李黨的重要人物多為李德裕任翰林學士和宰相時的同僚。牛黨則以科舉為紐帶，來擴大自己的勢力。」

這邊凡是支持的……

朱紹侯《中國古代史》：

「李黨主張摧抑藩鎮，重振朝綱……」

那邊一定就反對！

朱紹侯《中國古代史》：

「……牛黨主張姑息妥協，息事寧人。」

只要哪邊上了台，

就絕對打擊另一邊，

范文瀾《中國通史》：

「非科場出身的鄭覃、李德裕二人是一個朋黨，和鄭李對立的一個朋黨，首領是科場出身的李宗閔、牛僧孺。兩個朋黨各有大批徒眾，一個朋黨得勢（首領作宰相），便盡量斥逐敵對朋黨，讓出官位給本朋黨。」

他們甚至**不考慮朝政**的**得失**。

張豈之《中國歷史・隋唐遼宋金卷》：

「黨爭的代表人物是牛僧孺和李德裕，故史稱牛李黨爭。黨爭是一場摻雜門第、仕途、政見、恩怨的糾葛，後來凡朝中議事必針鋒相對，其間有很多無原則的意氣之爭……」

例如**西元831年**，

有**外族將領**跑來**投降**，

《資治通鑑・卷二四四》：

「（太和五年，即831年）九月，吐蕃維州副使悉怛謀請降，盡帥其眾奔成都。德裕遣行維州刺史虞藏儉將兵入據其城。」

並且想把**以前搶走**的**地盤還給大唐**。

岑仲勉《隋唐史》：

「維州地區（今汶川西北）……武德七年（624年），白狗羌首領內附，因地有姜維城，命名曰維州。乾元二年（759年），被吐蕃攻陷。」

《舊唐書・卷一七四》：

「（太和）五年（831年）九月，吐蕃維州守將悉怛謀請以城降。」

但因為**受降**的是**李黨**，

軍事科學院《中國軍事通史》：

「李黨首領為李德裕，主要成員為鄭覃、李紳、劉軻、陳夷行等。」

牛黨就暗中**搞鬼**，

《資治通鑑．卷二四四》：

「帝（文宗）使君臣大議，請如德裕策。僧孺持不可，曰：『吐蕃綿地萬里，失一維州，無害其強……中國御戎，守信為上，應敵次之……』」

《新唐書．卷一七四》：

「時皆謂僧孺挾素怨，橫議沮解之……」

硬是把**降將**給**送了回去**。

《資治通鑑．卷二四四》：

「上（文宗）以為然，詔德裕以其城歸吐蕃，執悉怛謀及所與偕來者悉歸之。吐蕃盡誅之於境上，極其慘酷。」

而**李黨**這邊呢，
只要有機會也**絕不手軟**。

翦伯讚《中國史綱要》：「武宗時，與李德裕有連的官官楊欽義為樞密使，李德裕自淮南節度使入相。牛黨的主要人物全被貶逐到嶺南……」

淹大水了，

是**牛黨的錯**。

軍事科學院《中國軍事通史》：「李德裕借口漢水泛濫，沖淹襄陽（今湖北襄樊）民居，歸罪於牛僧孺……」

《新唐書·卷一七四》：「會昌元年（841年），漢水溢，壞城郭，坐不謹防，（牛僧孺）下遷太子少保。」

發生**叛亂**了，

白壽彝《中國通史》：

「在平定了盧龍軍亂不久，又發生了昭義鎮對抗朝廷的事件。會昌三年（843）四月，昭義節度使劉從諫病死，其侄劉稹欲仿效河朔三鎮慣例，要求襲任節度使職務。」

牛黨也一定**有問題**。

《資治通鑑・卷二四八》：

「（會昌四年，即844年）李德裕怨太子太傅、東都留守牛僧孺、湖州刺史李宗閔，言於上（武宗）曰：『劉從諫據上黨十年，太和中入朝，僧孺、宗閔執政，不留之，加宰相縱去，以成今日之患，竭天下力乃能取之，皆二人之罪也。』」

他們嘆氣了!!
一定是同夥!!
李
就是!!
就是!!

反正就是**有你沒我**……

牛李兩黨的**鬥爭**，
持續了整整**四十年**。

傅樂成《中國通史》：「這次黨爭，起於憲穆，終於武宣，前後達四十年之久。」

它**迫使**整個朝廷**一分為二**，

官員們只能**選邊站**。

崔瑞德《劍橋中國隋唐史》：「歷史上人們所稱的『牛李黨爭』……使越來越多的人在政治上不是參加朝臣的這一派，就是參加那一派。」

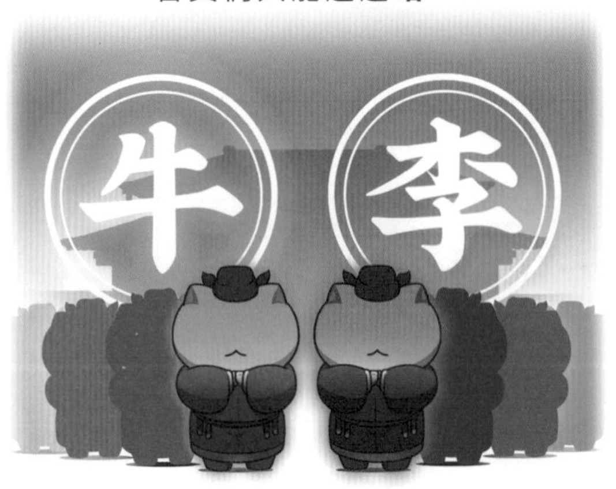

往往**一黨上位**，

另一黨就會**被**集體**打壓**，

韓國磐《隋唐五代史綱》：「牛黨上台，盡排李黨，李黨執政，也盡斥牛黨。」

每次對決都會有大批**官員下台**。

范文瀾《中國通史》：「八三三年，任李德裕為宰相，罷免宰相李宗閔。李德裕得勢，排斥李宗閔朋黨。」「八三四年……唐文宗召還李宗閔為宰相，斥逐李德裕出京。李宗閔得勢，排斥李德裕朋黨，官員調動紛紜，朝廷為之不寧。」

官員、**政令**的**頻繁更換**，

致使**朝政**更加**混亂**，

樊樹志《國史概要》：「一黨掌權，不問敵黨有無人才，一律全盤排斥；不問敵黨政策是否可取，一律更張，完全是門戶之見，意氣用事，把朋黨利益置於國家利益之上。朋黨之爭的結果，是政治的越發腐敗。」

社會**危機**也不斷**加重**。

白壽彝《中國通史》：

「李德裕和牛僧孺、李宗閔都曾多次為相，互有勝負，但不管哪一家勝利，都沒有改變唐朝每況愈下的局面，反而更加劇了日益嚴重的社會危機。」

唐朝後期，

皇權在**受制於藩鎮**和**宦官**的情況下，

王炎平《牛李黨爭考論》：

「唐後期藩鎮跋扈，宦官專權，財政艱窘，邊患嚴重。」

大臣本該**協助**皇帝**「脫困」**，

王炎平《牛李黨爭考論》：

「皇帝要對付宦官和藩鎮，需要依靠官僚集團。」

但牛李兩黨卻**沉迷**於**鬥爭**。

張豈之《中國歷史．隋唐遼宋金卷》：

「先是牛黨掌權，排擠李黨；後來又是李黨掌權，排擠牛黨……文宗同時起用了兩黨官員，結果雙方在朝廷上互相攻訐，每議政之際，是非蜂起。」

大臣的**不團結**導致**宦官侵蝕皇權**，

王炎平《牛李黨爭考論》：

「唐後期政治，為患最重者為宦官專權……宦官之禍，因牛黨與之勾結而愈烈。」

皇權黯淡，則藩鎮**問題無法解決**。

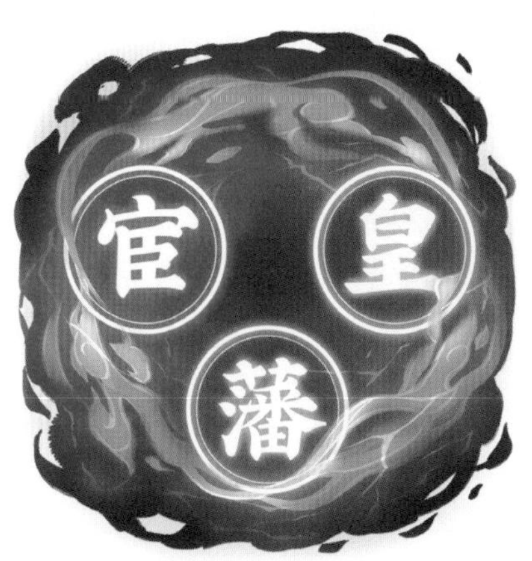

張國剛《唐代藩鎮研究》：

「元和以後，牛李兩黨鉤心鬥角……宦官勢力惡性膨脹……唐廷中央已經為這種無休無止的紛爭弄得筋疲力盡，自顧不暇，根本談不上削滅河北藩鎮。」

三個**問題如同**一個**鐵環**，

緊緊地**卡住**了大唐的**喉嚨**，

軍事科學院《中國軍事通史》：
「宦官專權、朋黨之爭、藩鎮割據，是唐王朝瓦解的三個重要原因。」

唐朝再也**無力統御天下**。

范文瀾《中國通史簡編》：
「自李恆長慶元年（821 年）至李柷（音祝）天祐四年（907 年）凡八十七年。在這時期中，宦官獨占政權，朝官分立朋黨，爭奪權位，藩鎮重新割據，朝廷力弱，不能像中唐發動大規模征伐。」

歷史的**齒輪重新**開始**轉動**，

一場新的**暴風雨**即將到來。

范文瀾《中國通史簡編》：
「統治階級對人民剝削，有加
無己……農民普遍破產，不能
生活下去，因而發生全國性的
農民起義，迫使唐朝失去經濟
基礎而趨於潰滅。」

（且聽下回分解。）

史學界對牛李黨爭歷來有不同的看法，深刻的背景與私人恩怨的結合，使這場爭鬥更加複雜微妙。但有一點毫無疑問，那就是牛李黨爭給唐朝中央帶來了嚴重的內耗。實際上，兩黨的執政措施都有可取之處，例如李黨主張削弱藩鎮、牛黨主張以科舉選拔人才，這都是具有積極意義的。牛黨的牛僧孺曾經裁撤冗員，為國家節約開支，改善了吏治。而李黨的李德裕更是輔佐唐武宗抗擊外敵，平定藩鎮，實現了所謂「會昌中興」。遺憾的是，在李唐皇朝已經因為宦官專權、藩鎮割據岌岌可危時，他們始終不能放下成見，甚至還都與宦官勢力勾結在一起，乃至最終共同將唐朝推向了深淵。

參考來源：《新唐書》、《資治通鑑》、《樊川文集》、錢穆《國史大綱》、白壽彝《中國通史》、傅樂成《中國通史》、范文瀾《中國通史》及《中國通史簡編》、朱紹侯《中國古代史》、翦伯讚《中國史綱要》、岑仲勉《隋唐史》、樊樹志《國史概要》、趙文潤和拜根興《唐憲宗》、韓國磐《隋唐五代史綱》、王炎平《牛李黨爭考論》、崔瑞德《劍橋中國隋唐史》、陳寅恪《唐代政治史述論稿》、軍事科學院《中國軍事通史》、張豈之《中國歷史・隋唐遼宋金卷》、張國剛《唐代藩鎮研究》

附錄

【悲劇詩人】

唐朝詩人李商隱因為老師是牛黨，
而岳父又跟李黨關係近，
搞得兩邊都不討喜。
他一生都因此不被重用。

【絕不考試】

李黨老大李德裕文采很好，
但因為看不起科舉考試，
硬是靠關係走後門當官。

【意外交集】

牛黨和李黨的老大
都愛收藏奇石。
雖然他們生前水火不容，
可死後他們的藏品
卻經常成雙入對成為別人的珍藏。

湯圓小劇場

《工作》

湯圓已經這樣發奮工作五天了……
也不知道發生了什麼事。

她竟然開始吃便當了！
為啥我覺得有點似曾相識？

她是不是受到什麼刺激？
我也不知道啊……

五天前
最近瘋狂工作一下子瘦了三公斤。
啊?!
三公斤?!

《毛衣》

哇！湯圓你會織毛衣？
我剛學的！

真的嗎？太棒了！
等我有空給你織一件。

話說我們喵咪平時不是不穿衣服嗎？
呃……
呃……

嗯？
啊!!
是哦……

湯圓

水瓶座

生日：2 月 14 日

身高：168 公分

喜歡的中式菜餚：酸菜魚

喜歡的動物：狐狸

（湯圓擬人介紹）

湯圓的水晶球
Tangyuan's crystal ball

第九十九回◉黃巢起義

隨著**皇權**的衰落，
李唐皇朝已經**混亂不堪**。

軍事科學院《中國軍事通史》：「唐朝後期，朝政日漸混亂，政治非常黑暗，朋黨傾軋，宦官專權，官吏貪污，藩鎮跋扈，使得唐政權動蕩不穩。」

宦官忙著**買官賣官**，

軍事科學院《中國軍事通史》：「唐代宦官自玄宗時干政以來，到後期由於其掌握了禁軍權，進而控制政權，在朝中專橫跋扈，結黨營私，貪污受賄，賣官鬻爵，無惡不作。」

官員忙著**結黨互毆**，

叫爸爸！
啊！
看我弄死你！

軍事科學院《中國軍事通史》：「唐代的朋黨鬥爭也是很激烈的。『牛李黨爭』就持續了40年之久，捲入朋黨鬥爭中的朝臣不計其數，他們之間互相攻擊，互相排擠，鬥爭異常激烈。」

各地武裝**藩鎮**更是時不時就出來**搞事**。

張豈之《中國歷史．隋唐遼宋金卷》：

「從唐穆宗到唐懿宗末，驕兵悍將逐帥爭權的紛亂再度活躍，朝廷只能承認現狀而不加干預。」

而**皇帝**呢？

皇帝只知**享樂**……

《資治通鑑．卷二五〇》：

「上（懿宗）好音樂宴遊，殿前供奉樂工常近五百人，每月宴設不減十餘，水陸皆備，聽樂觀優，不知厭倦，賜與動及千緡。」

《資治通鑑．卷二五二》：

「上（僖宗）時年十四，專事游戲……上與內園小兒狎昵，賞賜樂工、伎兒，所費動以萬計，府藏空竭。」

天下喵民上受**天災之苦**，

《新唐書·卷五十二》：「懿宗時……淮北大水，徵賦不能辦……自關東至海大旱，冬蔬皆盡，貧者以蓬子為麵，槐葉為齏。乾符初，大水，山東饑。」

下被重稅壓得**喘不過氣**來，

朱紹侯《中國古代史》：「唐末政府的賦役剝削日益苛重，進一步加劇了廣大人民生活的苦難。」

實在**苦不堪言**……

《資治通鑑·卷二五二》：「自懿宗以來，奢侈日甚，用兵不息，賦斂愈急。關東連年水、旱，州縣不以實聞，上下相蒙，百姓流殍，無所控訴……」

在這樣情況下，
全國性的**農民起義**爆發了。

朱紹侯《中國古代史》：「宣宗大中十三年（859年）十二月，在浙東爆發了裘甫領導的農民起義。懿宗咸通九年（868年），桂林戍卒在龐勛等人領導下舉行起義。這兩次起義揭開了唐末農民大起義的序幕。」

浩浩蕩蕩的**起義戰爭**，
將極大地**衝擊**唐皇朝的**統治**。

范文瀾《中國通史》：「支離破碎的唐朝廷，經起義軍的衝擊，崩潰更加速，再也不能支持多久了。」

而在**這場鬥爭**中，
一個喵的**出現**意義重大。

白壽彝《中國通史》：「唐朝末年，相繼爆發了裘甫、龐勳與黃巢等農民起義，其中規模最大、歷時最久、影響最深的當首推……」

他就是**黃巢喵**！

《新唐書．卷二二五》：
「黃巢，曹州冤句人……」

黃巢喵是個**有錢仔**，

樊樹志《國史概要》：
「黃巢家有資財好騎射……」

因為家裡是**走私賣鹽**的。

范文瀾《中國通史》：
「黃巢是曹州冤句縣人，祖先幾輩子相沿販賣私鹽……」

作為鹽商的兒子，
黃巢喵卻並**沒有**想**繼承家業**，

倒是想**考個**……**「公務員」**。

范文瀾《中國通史》：
「黃巢長於騎射……也愛讀書，
屢次應進士考試……」
林華卿《黃巢》：
「青年時代的黃巢，也有著通過
科舉圖個出身的想法。」

可惜，
官場的**腐敗**使他考了好幾次都**沒考上**。

楊西雲《黃巢》：
「到了唐朝後期，隨著朝政的腐敗，
科場更加弊端叢生，徇私舞弊的事
例司空見慣……像黃巢這樣一沒門
第，二沒權勢的賤商子弟，要中舉
真是難上加難。」
林華卿《黃巢》：
「（黃巢）作為一個「闒茸微人」
（小戶人家出身的下賤人……），
是不可能考試及第的。」

這讓黃巢喵十分**不爽**，

趙劍敏《細說隋唐》：
「（黃巢）幾次參加科舉考試，均名落孫山。經多次重大打擊，他的希望落空了，變成了失望，失望之後對社會政治結構產生了極度的不滿。」

並決心**改變**這個腐朽的**天下**。

這個見鬼的世界！
去死吧！

朱紹侯《中國古代史》：
「他（黃巢）曾賦《不第後賦菊》……表達了對唐政府腐朽統治的不滿和決心改變現實的壯志。」
林華卿《黃巢》：
「黃巢在赴京趕考期間……不再指望朝廷會有什麼改弦更張，深悟到只有『洗滌朝廷』，掃除那班獨夫、民賊，才能改變社會現實。」

於是乎他回家**繼承**了**家業**，
幹起了走**私鹽**的活。

《資治通鑑．卷二五二》：
「巢善騎射，喜任俠，粗涉書傳，屢舉進士不第，遂為盜……」
樊樹志《國史概要》：
「王仙芝、黃巢都是『販鹽白丁』（私鹽販子），武裝販運私鹽，與長江流域的『茶鹽盜』關係密切。」

在**走私**的過程中，
黃巢喵**學會**了一身的**武藝**，

你抓不到我！
你就是抓不到我！
你還是抓不到我！

白壽彝《中國通史》：
「在同官府緝私的鬥爭中，他（黃巢）練就了一身武功，善於騎射，並負氣仗義，好抱打不平。」

再加上**行事仗義**，

跟著我幹，保證你吃香喝辣！

范文瀾《中國通史》：
「黃巢長於騎射，愛扶危救急，收養各地來投奔的逃命人。」

逐漸地**凝聚**了一股**勢力**。

范文瀾《中國通史》：
「凡是販賣私鹽的人，必須結交一批夥伴，合力行動，又必須有計謀和勇力……黃巢就是這樣的一個販私鹽者，一旦與起義民眾結合，就成為有能力的首領。」

而他也一直在**等待時機**……

傅樂成《中國通史》：
「黃巢，曹州人，家世業鹽。他曾屢應進士科不中，因而蓄養亡命，圖謀不軌。」

西元875年，
在朝廷的壓迫下，**起義**終於**爆發**了。

白壽彝《中國通史》：
「乾符二年（875）五月，濮州（治所在今山東鄄城東北）人王仙芝於濮陽（河南濮陽西南）聚眾數千人起義……」

黃巢喵知道**時機**已經**成熟**，

楊西雲《黃巢》：
「黃巢與王仙芝一起販過私鹽，很了解仙芝為人，仙芝義舉，也正合自己心願。」

隨即**加入鬥爭**。

《新唐書．卷二二五》：
「乾符二年，濮名賊王仙芝亂長垣，有眾三千，殘曹、濮二州，俘萬人，勢遂張……而巢喜亂，即與群從八人，募眾得數千人以應仙芝……」

作為一名**走私商**，
黃巢喵可是**長期**與唐軍**交手**，

翦伯讚《中國史綱要》：
「王仙芝和黃巢都販過私鹽。他們熟悉交通路線和各地情況，具有與官軍鬥爭的經驗。」

對**地方的形勢**也非常**清楚**。

軍事科學院《中國軍事通史》：
「他們也熟悉山川險隘、交通道路，了解官軍的分布虛實。」

面對唐軍，他們從**不正面進攻**，

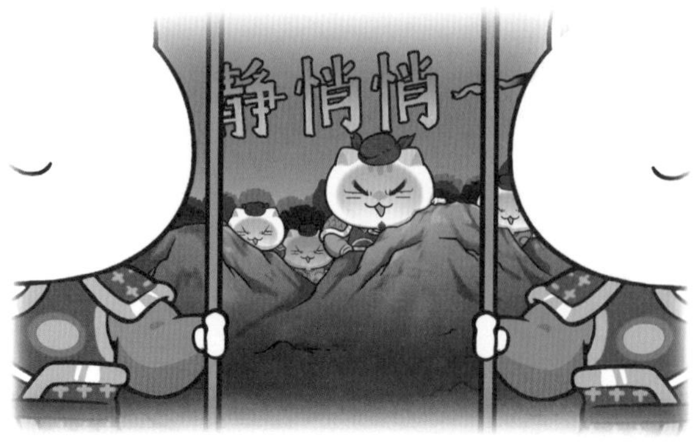

范文瀾《中國通史》：
「黃巢率領的起義軍，始終是流動行軍，不守城，也不打硬仗……」

而是採用大規模**游擊作戰**。

軍事科學院《中國軍事通史》：
「進行大規模遊動作戰，這是唐末農民戰爭最主要的軍事特點之一。」

簡單點講就是，**唐軍**一旦**攻過來**，

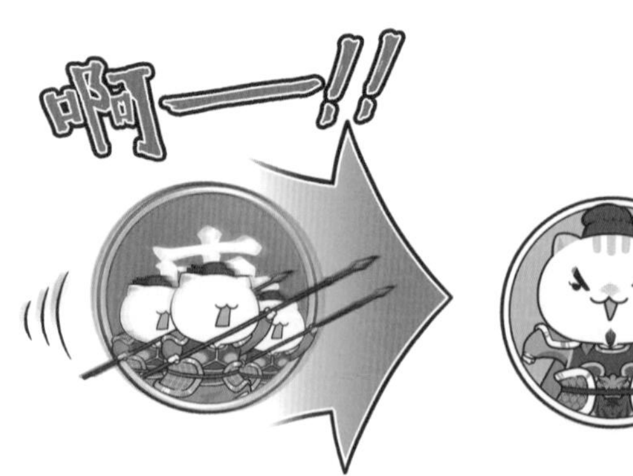

《資治通鑑．卷二五二》：
「（乾符二年，即875年）十二月，王仙芝寇沂州，平盧節度使宋威表請以步騎五千別為一使，兼帥本道兵所在討賊。乃以威為諸道行營招討草賊使，仍給禁兵三千、甲騎五百。因詔河南方鎮所遣討賊都頭並取威處分。」

他們就**溜**。

《資治通鑑．卷二五二》：
「〔乾符三年（876年）七月〕宋威擊王仙芝於沂州城下，大破之，仙芝亡去。」
楊西雲《黃巢》：
「王仙芝和黃巢冷靜分析了形勢……決定避敵優勢，來個金蟬脫殼，化整為零，神不知鬼不覺地撤出了戰場。」

等唐軍**慶祝勝利**時，

《資治通鑑．卷二五二》：
「威奏仙芝已死，縱遣諸道兵，身還青州。百官皆入賀。」

他們**又**跑出來**打**，

《資治通鑑．卷二五二》：
「居三日，州縣奏仙芝尚在，攻剽如故。」
楊西雲《黃巢》：
「剛剛稍事休息的士兵非常惱火，根本無心打仗，農民軍抓住戰機……不到十天，就攻下八個縣，兵鋒直指東都洛陽。」

搞得唐軍又**煩躁**又**狼狽**。

軍事科學院《中國軍事通史》：「黃巢利用這種作戰方式，縱橫南北，使官軍疲於奔命，惶恐不安……」

而在這過程中，
黃巢喵的**隊伍**則不斷**壯大**，

《資治通鑑．卷二五二》：「民之困於重斂者爭歸之（黃巢），數月之間，眾至數萬。」

范文瀾《中國通史》：「王仙芝、黃巢統率的起義軍，行軍都採取流動的方式……起義軍活動的區域愈擴大，力量愈增強……」

且一直**保持**著**流動**的**打法**。

軍事科學院《中國軍事通史》：「王仙芝、黃巢起義軍採取流動作戰的方式，掌握著主動權……」

他**在北方**到處**打一通**後，

白壽彝《中國通史》：

「王仙芝與黃巢採取了避實就虛的流動戰術，率軍進圍沂州（治今山東臨沂）。乾符三年（876）七月……便轉戰河南，迅速攻占了陽翟（今河南禹縣）、郟城（今河南郟縣）等八縣之地。」

就**跑到**富庶的**南方**打，

白壽彝《中國通史》：

「……同年十二月接連進攻申、光、廬、壽、舒、通州等地，逼近揚州，淮南節度使多次向朝廷告急。」

軍事科學院《中國軍事通史》：

「江淮地區是唐朝的財賦供應基地，起義軍向這裡發展，對唐朝統治的打擊將是非常沉重的。」

打完**又**殺**回北方**……

白壽彝《中國通史》：

「乾符五年（878）三月，黃巢率軍進攻汴、宋二州，唐廷以張自勉充東南面行營招討使，以阻止義軍。黃巢轉攻衛南（今河南滑縣東北）、葉（河南葉縣）、陽翟（河南禹縣）……」

然後**再回南方**……

白壽彝《中國通史》：
「黃巢見河南一帶官軍勢力強大，難以取勝，而江南則力量相對薄弱……於是便率軍渡江南下……」「乾符六年（879）正月，黃巢軍遭藩帥高駢部將張璘、梁纘的襲擊，一再失利，遂進入廣南，包圍了廣州（今屬廣東）……於九月占領了嶺南的這個重鎮……」

最後**又又又打北方**……

《資治通鑑．卷二五三》：
「黃巢在嶺南，士卒罹瘴疫死者什三四，其徒勸之北還以圖大事，巢從之。」
白壽彝《中國通史》：
「黃巢見在廣州難以持久，於是決定殺回中原地區。同年（879年）十月，黃巢率軍離開廣州，向西北進發，攻取了桂州……」

反正就是**跑著打**，

軍事科學院《中國軍事通史》：
「（黃巢）在北方不斷打擊各地官軍後，向南方發展；再向北方衝擊，然後再向更遠的南方游動；發展壯大了自己的隊伍後，最後進擊北方……」

打完就走，

也**不考慮**留守**陣地**的問題。

范文瀾《中國通史》：

「王仙芝、黃巢統率的起義軍，行軍都採取流動的方式，不據守城池……」

唐朝末期雖然**軍隊眾多**，

軍事科學院《中國軍事通史》：

「從唐末客觀情況看，北方藩鎮林立，唐軍密布，中原地區強鎮尤多……」

但地方**藩鎮**之間卻並**不團結**。

軍事科學院《中國軍事通史》：

「唐末，中央政權與藩鎮之間，諸藩鎮相互之間，各派政治集團之間，都存在著錯綜複雜的矛盾。」

往往**起義軍攻擊**某個**藩鎮**，

其他就這麼**看著**……

軍事科學院《中國軍事通史》：「有的藩鎮為了私利，故意放縱義軍……寧可得罪朝廷，也不出兵阻截義軍……」

所以起義軍**到處跑**，

大唐怎麼都**鎮壓不下來**。

楊西雲《黃巢》：「黃巢領導的農民軍，採用靈活多變的戰術，避實就虛，巧妙地與官兵周旋，不攻堅，不死守，使官軍疲於奔命，首尾不得相顧。」「唐王朝雖然擁有財力和軍事上的絕對優勢，卻常常被農民戰士打得疲於應付……統治集團內部勾心鬥角，使其不能同心協力圍剿。」

而黃巢喵正是**利用**這個**特點迂迴前進**，

白壽彝《中國通史》：「轟轟烈烈的黃巢大起義，採用流動作戰的方式，避實攻虛，走遍今天山東、河南、安徽、浙江、江西、福建、廣東、廣西、湖南、湖北、陝西等省廣大地區，動搖了唐朝的黑暗統治。」

不但多次**擊敗唐軍**，

《舊唐書・卷二〇〇》：「廣明元年（880年），（黃巢）北逾五嶺，犯湖、湘、江、浙，進逼廣陵，高駢閉門自固，所過鎮戍，望風降賊。」

更**打進**了大唐**都城**，

《舊唐書・卷二〇〇》：
「（廣明元年）十二月……四日，賊（黃巢）至昭應，金吾大將軍張直方率在京兩班迎賊灞上。五日，賊陷京師。」

搞得大唐**皇帝**狼狽**逃竄**。

《舊唐書・卷二〇〇》：
「十二月三日，僖宗夜自開遠門出，趨駱谷，諸王官屬相次奔命。」

西元880年，

黃巢喵**正式**在長安**稱帝**，

《舊唐書・卷二〇〇》：

「十三日，賊巢僭位，國號大齊，年稱金統，仍禦樓宣赦……」

建立大齊政權。

朱紹侯《中國古代史》：

「起義軍占領長安後，於同年十二月十三日正式建立農民政權，國號『大齊』。黃巢稱皇帝，建年號為『金統』。」

而被趕跑的**大唐**，

雖然**氣數未盡**，

軍事科學院《中國軍事通史》：

「……僖宗從容入蜀，使各地唐軍得借以號召，給唐朝死灰復燃之機。」

但已經遭到**毀滅性打擊**，

軍事科學院《中國軍事通史》：
「黃巢成為唐末農民軍的領導者，起義軍縱橫南北，堅持鬥爭整10年，建立了農民政權……徹底地摧垮了唐王朝的統治基礎，其政權從此分崩離析……」

再**無力維繫**以往的**統治**。

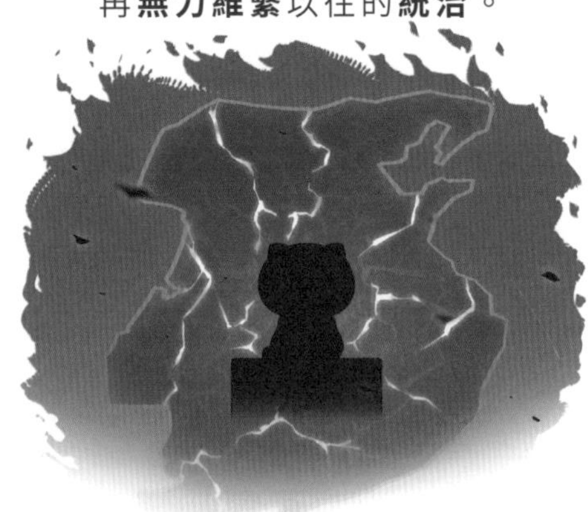

軍事科學院《中國軍事通史》：
「經過唐末農民戰爭的沉重打擊，唐王朝的統治已基本崩潰……」

天下**藩鎮**紛紛趁機**脫離控制**，

軍事科學院《中國軍事通史》：
「唐廷依靠藩鎮鎮壓農民軍……藩鎮勢力也惡性膨脹，出現了無地不藩、無時不戰的局面。」「光啟元年（885年）僖宗從成都回到長安，當時的情況是：『時李昌符據鳳翔，王重榮據蒲、陝……大約郡將自擅，常賦殆絕，藩侯廢置，不自朝廷，王業於是蕩然』。」

大唐帝國已經**名存實亡**。

樊樹志《國史概要》：

「黃巢雖沒有滅亡唐朝，卻使它土崩瓦解了。唐朝名義上還苟延殘喘地存在二十多年，已名存實亡，唐朝的轄地幾乎全被各種割據勢力所分割。」

那麼接下來，

唐朝該**何去何從**呢？

（且聽下回分解。）

編者按

唐朝中後期，腐敗的統治導致百姓凍無衣、饑無食，只能發動起義來爭取生存的機會。黃巢不是第一個起義的，但在他之前的幾次農民戰爭均因固守一隅而迅速被唐軍圍殲。黃巢吸取了前人的教訓，採取「流動作戰」的方式。它使得唐朝中央軍隊顧此失彼，而各個藩鎮也因為需要專注遏制境內的農民軍，被牽制在本鎮之內。這種戰法有效防止了唐中央集結多個藩鎮對黃巢協力進攻，還幫助起義軍順利攻入長安，並最終建立「大齊」政權。可惜的是，起義軍此時沒有及時調整策略。習慣性的缺少根據地使得部隊在後期缺少穩定的經濟來源，沒有辦法迅速提升軍隊。當機會稍縱即逝，大齊的隱患就出現了。

黃巢——饅頭（飾）

參考來源：《舊唐書》、《新唐書》、《資治通鑑》、林華卿《黃巢》、楊西雲《黃巢》、白壽彝《中國通史》、范文瀾《中國通史》、傅樂成《中國通史》、趙劍敏《細說隋唐》、樊樹志《國史概要》、翦伯讚《中國史綱要》、朱紹侯《中國古代史》、軍事科學院《中國軍事通史》、張豈之《中國歷史・隋唐遼宋金卷》

【自亂陣腳】

唐軍原本打算在
黃巢北上的必經之地伏擊，
但隊伍突然內訌，
最後各回各家，
黃巢打都沒打就順利通關了。

【水土不服】

起義軍大多是北方人，
他們到南方後很難適應，
甚至染上了瘟疫，
黃巢只好抓緊時間打回北方。

【享樂到底】

唐僖宗是唐末有名的昏君。
在起義軍快打到長安時，
他還在讓官員比賽打馬球，
誰贏了就可以做節度使。

百群喵檔案

豆花小劇場

《走夜路 1》

這條路的路燈又壞了……
是呀，好暗，安靜得只聽到腳步聲……

你……不害怕嗎？
害怕？

是啊！你看電影裡這種又黑又安靜的場景……
下一秒一定會出現啥妖魔鬼怪之類的！

你在期待啥……
真的會有嗎？

《走夜路 2》

不行了，越想越害怕……
你別想太多……

嗨……
啊？

晚上好……

湯圓！湯圓醒醒！是烏龍！
呃……

豆花

天秤座

生日：10 月 16 日

身高：165 公分

喜歡的中式菜餚：龍井蝦仁

喜歡的動物：梅花鹿

（豆花擬人介紹）

豆花的水晶球
Douhua's crystal ball

第一百回◉朱溫叛變

為了**反抗**唐朝的**壓迫**，

韓國磐《隋唐五代史綱》：「在大土地私有制迅速發展情況下，地主恣行兼併和掠奪農民，封建國家的賦稅剝削又極其苛酷，加之以整個唐朝統治集團的腐化貪殘，農民到了忍無可忍的地步。」

農民起義**爆發**了。

韓國磐《隋唐五代史綱》：「……首先發生了浙東裘甫的起義，接著是桂林戍兵的起義，揭開了大起義的序幕。隨後黃巢所領導的大起義，就大舉爆發了。」

利用藩鎮之間的**隔閡**，

起義軍一路**勝利**，

軍事科學院《中國軍事通史》：「當黃巢率大軍北伐渡江後，抓住藩鎮各自求保的弱點……在一定程度上達到了孤立唐廷、減少阻力的目的，為順利進軍關中創造了有利條件。」

最終**攻入長安**，**建立**了自己的**政權**。

軍事科學院《中國軍事通史》：「廣明元年（880年）十二月，黃巢奪取長安，建立政權。」

然而，起義軍**避實擊虛**的打法**雖然**可以取得階段性**勝利**，

長官！城門被攻破了!!
啊!!

軍事科學院《中國軍事通史》：「黃巢一支孤軍奮戰，如果不避實就虛，轉戰各地，就容易陷入全軍覆沒的危險……在起義前期，黃巢利用這種作戰方式，縱橫南北，使官軍疲於奔命，惶恐不安，逐漸擺脫了被動，掌握了戰爭主動權。」

但**打完就走**的方式……

走！前往下一個目的地!!
哈哈哈哈哈！

卻**無法鞏固**和**擴大**根據地。

白壽彝《中國通史》：

「黃巢軍雖然四處作戰，或勝或敗，但始終未能打開局面……義軍又長期習慣於流動作戰，即使在其勢力十分強大時也往往是攻下一城，不久又丟棄，像東都洛陽這樣的經濟、軍事重地也不留一兵一卒駐守。由於長期沒有建立鞏固的根據地，得不到充足的供給……」

這不僅使剛建立起來的**起義軍**政權**根基不穩**，

朱紹侯《中國古代史》：

「大齊政權建立後，黃巢等人滿足於取得的勝利成果，麻痺輕敵，沒有派出重兵追殲唐王朝的殘餘勢力……另一方面，起義軍渡江北上後，已有了建立根據地的良好條件，但黃巢等人一味流動作戰，招降納叛，連東都洛陽這樣的戰略要地，也沒有駐兵防守。」

也讓**大唐**政權獲得**喘息**的機會，

白壽彝《中國通史》：

「黃巢雖然建立了農民政權，但卻沒有出台什麼改革措施，穩定人心。也沒有及時追擊望風而逃的僖宗朝廷，給敵人以喘息的機會，所以僖宗得以從容地組織力量，大力圍剿農民軍。」

且開始謀劃**反擊**。

軍事科學院《中國軍事通史》：
「農民軍摧毀了唐王朝許多地方政權，卻不去建立自己的地方政權，甚至占領東都洛陽也不留兵駐守，致使起義軍過後被藩鎮勢力重新占據。」
白壽彝《中國通史》：
「當僖宗逃至興元時，即詔令諸道各出軍收復京師。」

而在這場爭鬥中，
有一個喵起到了**關鍵作用**，

他就是**朱溫喵**！

白壽彝《中國通史》：
「朱溫（852—912），宋州碭山（今屬安徽）人。」

朱溫喵家從爺爺那輩起就是**知識分子**，

《北夢瑣言・卷十七》：
「梁祖，宋州碭山縣午溝里人，本名溫……家世為儒……」

而且還都是**老師**，

《北夢瑣言・卷十七》：
「……祖信、父誠皆以教授為業。」

但可惜他爹**死得早**……

《北夢瑣言・卷十七》：
「……誠蚤（早）卒，有三子，俱幼，母王氏攜養寄於同縣人劉崇家。」

所以朱溫喵自小就**沒有受到**什麼**教育**。

《新五代史．卷一》：
「（朱溫）姓朱氏，宋州碭山午溝里人也。其父誠，以《五經》教授鄉里，生三子，曰全昱、存、溫。誠卒，三子貧，不能為生……」

長大後朱溫喵和兩個哥哥都成了有名的**混混**，

曹書傑《後梁太祖朱溫大傳》：
「老二朱存粗野魯莽，生性好鬥，老三朱溫狡詐懶散，生性無賴，尤好使氣鬥狠，喜說大話。」

而且數朱溫喵**最狠**。

《新五代史．卷一》：
「存、溫勇有力，而溫尤凶悍。」

雖然是個混混，

但朱溫喵卻始終**相信**自己以後會**飛黃騰達**。

恰好那會兒，唐末**農民起義**爆發了，

《舊五代史・卷一》：「唐僖宗乾符中，關東薦饑，群賊嘯聚。黃巢因之，起於曹、濮，饑民願附者凡數萬。」

朱溫喵便**加入**到其中去。

《新五代史・卷一》：「唐僖宗乾符四年（877年），黃巢起曹、濮，存、溫亡入賊中。」

作為老朱家**最猛**的崽，
朱溫喵**打仗**還是**很強**的，

《舊五代史·卷一》：
「（朱溫）與仲兄存俱入巢軍，以力戰屢捷，得補為隊長。」

除了多次**扛住**了唐軍的**進攻**，

白壽彝《中國通史》：
「中和元年（881）二月，朱溫被任為東南面行營都虞候，受命攻占鄧州（今屬河南），俘刺史趙戒，阻扼了由荊襄地區北攻的唐軍……七月，又把朱溫調到長安西面的興平（今屬陝西），抗擊從邠（今彬縣）、岐（今鳳翔南）、鄜（今富縣）、夏（今靖邊北）等州調集的唐軍，大獲勝利。」

還為起義軍**攻城掠地**，

軍事科學院《中國軍事通史》：
「中和元年（881年）下半年至二年上半年，官軍與義軍在關中展開了一系列戰鬥……朱溫與尚讓在東渭橋擊敗了鄜延節度使李孝昌和權夏州節度使拓跋思恭。不久又在富平（今陝西富平東北）朱溫與孟楷襲擊鄜、夏二軍，二軍大敗，逃回本道。」

成為了組織內部**重要**的**力量**。

白壽彝《中國通史》：「中和二年（882），朱溫被任為同州防禦使，受命攻占同州（今大荔），成為扼守大齊政權東部的大將。」

然而朱溫喵雖然很**能打**，

卻也**經不住**形勢的**變化**。

首先是被趕走的**大唐**又**殺了回去**，

軍事科學院《中國軍事通史》：「黃巢奪取長安，建立政權。唐廷不甘心失敗，糾集諸道軍隊三面圍攻，雙方以長安為中心長期對峙，互相攻戰，唐末農民戰爭進入第四階段——戰略相持階段……官軍由弱變強，由分散變集中，逐步掌握了戰爭主動權。」

起義軍遭到**包圍**……

《資治通鑑．卷二五四》：

「（882年）夏，四月……王鐸將兩川、興元之軍屯靈感寺，涇原屯京西，易定、河中屯渭北，邠寧、鳳翔屯興平，保大、定難屯渭橋，忠武屯武功，官軍四集。黃巢勢已蹙……」

另外**糧食**也快要**耗盡**，

軍事科學院《中國軍事通史》：

「農民軍始終侷限於長安附近的狹小區域……關中地區本來糧食就供應不足，主要依賴江淮漕運接濟，黃巢義軍入關中後，在如此狹小地區聚集著數十萬大軍，糧食供應更加困難，對農民軍非常不利。」

還遇到**糧荒**……

軍事科學院《中國軍事通史》：

「中和二年（882年）四月……這年，『關中大饑』，自然災害使關中本來緊缺的糧食更加匱乏，發生了嚴重的糧荒，長安城中斗米已賣到30緡錢……」

簡直**雪上加霜**啊……

軍事科學院《中國軍事通史》：「在這種情況下，農民軍在關中要繼續堅持下去，已完全不可能了。」

但**最可怕**的還是起義軍**內部**開始**分化**。

范文瀾《中國通史》：「黃巢任命朱溫為同州刺史，令朱溫自力去取……自力去取的意思是得地就做刺史，不得就做不成刺史；反過來說，得地的人可據地自有，與齊朝無關。大抵將領各擁所部，自立門戶，起義軍分裂成許多碎片，黃巢的號令失去作用……」

例如當時就有很多**將領**看朱溫喵**不爽**，

朱溫喵被**派往前線**抵禦唐軍，

軍事科學院《中國軍事通史》：
「由於朱溫屢立戰功，黃巢任命朱溫為同州刺史，令其自取同州。中和二年（882年）二月，朱溫進擊同州……朱溫因此也被推上與大量敵軍對陣的第一線。」

唐軍**喵多勢眾**，

要開始沒！

白壽彝《中國通史》：
「與同州一河之隔的東岸，便是曾一度歸降黃巢起義軍後又覆叛的唐河中節度使王重榮駐地河中府（今山西永濟西）。王重榮屯兵數萬與朱溫對壘。」

而朱溫喵卻**少得多**……

白壽彝《中國通史》：
「朱溫兵寡屢敗……」

這**沒法打**呀……

沒辦法，朱溫喵只能**趕緊**給組織寫信**求救**。

《新五代史．卷一》：
「溫數為河中王重榮所敗，屢請益兵於巢……」

可**每次**寫……

卻每次都**被**「**同事**」**攔截**。

《舊五代史·卷一》：「（朱溫）屢為重榮所敗，遂請濟師於巢。表章十上，為偽左軍使孟楷所蔽，不達。」

這……這還打個屁啊！

軍事科學院《中國軍事通史》：「朱溫多次向黃巢求救，被右軍使孟楷阻撓，軍情不能上達，又不派兵增援，使同州陷於非常艱難的境地。」

於是乎，朱溫喵**把心一橫**，

帶著兵馬就**投到唐軍**那邊去。

《新五代史・卷一》：

「溫客謝瞳說溫曰：『……今天子在蜀，諸鎮之兵日集，以謀興復，是唐德未厭於人也。且將軍力戰於外，而庸人制之於內，此章邯所以背秦而歸楚也。』溫以為然，乃殺其監軍嚴實，自歸於河中，因王重榮以降。」

這**對於唐朝**來說，簡直是天大的**好事**。

《舊五代史・卷一》：

「（朱溫）舉郡降於重榮。榮即日飛章上奏，時僖宗在蜀，覽表而喜曰：『是天賜予也！』」

就這樣，朱溫喵**成了**大唐那邊的**「打手」**，

陶懋炳《五代史略》：

「唐朝廷對朱溫叛降，十分重視，立即授以左金吾大將軍官銜，又任命為河中行營招討副使，賜名全忠，用以分化黃巢部屬。」

反過來**打義軍**。

韓國磐《隋唐五代史綱》：「（朱溫）投降唐朝，唐朝賜名全忠，封為河中行營副招討使，進封宣武節度使。於是朱全忠轉變為幫助唐朝鎮壓黃巢起義的大劊子手。」

這個事件不僅大大地**削弱**了**義軍**的實力，

朱紹侯《中國古代史》：「（882年）九月，負責東部防務的義軍同州防禦使朱溫叛變投降，削弱了起義軍的力量。」

還**助長**了**唐朝**的戰鬥力。

軍事科學院《中國軍事通史》：「中和二年（882年）九月，朱溫……投降了王重榮……這個事件發生於義軍和官軍雙方力量對比轉折之際，增強了唐朝的兵力，削弱了義軍的實力……」

在之後的**圍剿**下，
起義軍**節節敗退**。

軍事科學院《中國軍事通史》：
「中和三年（883年）……沙陀軍會同其他諸軍進至梁田陂……農民軍大敗，損失數萬之眾。此戰使農民軍元氣大傷，在關中實際上已無法立足了。」

朱溫喵憑藉著大唐軍隊，
不斷追擊起義軍，

白壽彝《中國通史》：
「中和三年（883年）三月，唐朝廷任朱溫為汴州刺史、宣武軍節度使，要等到唐軍收復京城後赴任。於是朱溫加緊與各路唐軍圍攻長安……七月，朱溫進入汴州……從此，汴州（宣武軍）成為他的大本營。隨後他受命為東北面都招討使援救唐陳州刺史趙犨，猛攻圍困陳州的黃巢軍，大小四十戰，擊敗黃鄴、尚讓等部，解了陳州之圍。」

最終起義軍被**消滅殆盡**，

韓國磐《隋唐五代史綱》：
「黃巢敗退入山東，部下喪亡殆盡，退至泰山狼虎谷時，壯烈地自刎而死，尚讓等卻投降了唐朝，起義至此失敗。時在公元八八四年（中和四年）七月……」

歷時十年的**農民起義**宣告**結束**。

軍事科學院《中國軍事通史》：「歷時10年之久的轟轟烈烈的唐末農民戰爭隨著黃巢的自殺犧牲，最終以悲劇結局而告結束。」

然而在這場**鬥爭**中，

唐朝雖然**重新**奪回**勝利**，

陶懋炳《五代史略》：「唐朝廷糾聚了一切反動勢力，向黃巢農民軍瘋狂反撲，農民軍終於敗出長安，轉向河南，從此節節敗退，不能重振。最後在山東狼虎谷全軍覆沒。八八五年（唐光啟元年）唐僖宗率領入蜀的文武百官從成都回轉長安。」

但**中央**的**兵力**卻幾乎全部**打光**，

軍事科學院《中國軍事通史》：「神策軍……是唐廷直接控制的具有相當戰鬥力的部隊……在唐末農民起義軍的打擊下，這支軍隊基本上全軍覆滅……從此，唐廷已經不再擁有真正意義的軍隊了。」

再也**無力**維持對各地**藩鎮**的**控制**。

《舊唐書·卷十九》：

「（光啟元年，即 885 年）三月丙辰朔。丁卯，車駕至京師。己巳，（僖宗）禦宣政殿，大赦，改元光啟。時李昌符據鳳翔……李克用據太原、上黨，朱全忠據汴、滑，秦宗權據許、蔡……皆自擅兵賦，疊相吞噬，朝廷不能制。」

天下**再次**進入到**失控**的狀態中，

《舊唐書·卷十九》：

「大約郡將自擅，常賦殆絕，藩侯廢置，不自朝廷，王業於是蕩然。」

各**藩鎮**間互相攻伐，

竭力**擴張**自己的**地盤**。

軍事科學院《中國軍事通史》：

「唐末農民戰爭後，情況發生了很大的變化，唐廷已完全失去了駕馭全國的能力，膨脹起來的藩鎮勢力，不再滿足於割據一隅，他們互相攻伐，互相兼併，竭力擴大自己的地盤。」

而這之中靠著**鎮壓起義**上位的朱溫喵
迅速**崛起**。

軍事科學院《中國軍事通史》：
「唐朝末年，北方諸鎮勢力最強者，莫過於河東李克用和宣武朱全忠，他們均是依靠鎮壓農民軍起家的新起藩鎮。」

那麼，他**會**對大唐**盡忠**嗎？

（且聽下回分解。）

編者按

從揭竿起義到狼虎谷戰敗，黃巢起義前後歷經十年，雖然以失敗告終，但在中國農民戰爭史上仍然有空前的影響力。它不僅沉重地打擊了唐朝腐朽的統治，也通過對地主階層的掃蕩完成了對中國古代門閥士族及門第制度的清洗，將整個封建社會推向了更高的發展階段。而對當時的唐朝來說，戰後直屬中央的「神策軍」幾乎全軍覆沒，南方的賦稅徹底喪失，一大批藩鎮趁機崛起。朱溫作為後來者，依靠背叛農民軍快速獲取政治資本，完成向藩鎮大員的轉變。這使得他有機會與其他藩鎮軍閥一起站上唐末政治舞台的中央。而隨著他實力的膨脹，這個曾經背叛舊主的人是否會對行將就木的唐朝保持忠心，答案也就顯而易見了。

朱溫——瓜子（飾）

參考來源：《舊唐書》、《舊五代史》、《新五代史》、《資治通鑑》、《北夢瑣言》、白壽彝《中國通史》、范文瀾《中國通史》、陶懋炳《五代史略》、朱紹侯《中國古代史》、韓國磐《隋唐五代史綱》、軍事科學院《中國軍事通史》、曹書傑《後梁太祖朱溫大傳》

【暴力老闆】

朱溫特別兇殘，
對手下也不例外。
他的手下每天出門上班
都會提心吊膽，
害怕再也回不來。

【「妻管嚴」】

朱溫對外凶狠，
對內卻很聽老婆的話。
有一次出兵走到半路，
因為老婆一句話，
他居然直接回家不打了。

【出生「烏龍」】

據說朱溫出生那天，
一陣紅光包圍了他家。
鄰居們還以為著火了，
跑過來卻發現不僅一家平安，
還多了個胖小子。

一群喵檔案

瓜子小劇場

《好評》

這家外賣咋回事？
二十幾塊錢就這麼點啊?!

這麼少坑誰啊？我的錢是風刮來的嗎？
差評！必須差評！

啊？

非常滿意
非常好吃！！店家很熱情!
料十分足，差點吃不完!
以後還點！！#價格划算#分量大#

《幻想》

如果我可以像花卷那麼有錢……
那我就可以……

嘿……嘿嘿……
嘿嘿嘿……

嘿
嘿
嘿
嘿
嘿
嘿
嘿
嘿
嘿
嘿

嘿……嘿……
太爽了吧……

瓜子
金牛座
生日：5 月 3 日
身高：180 公分
喜歡的中式菜餚：芥蘭炒牛肉
喜歡的動物：狼
（瓜子擬人介紹）

瓜子的水晶球

Guazi's crystal ball

第一百零一回◉盛唐終聲

經過了**農民起義**的**衝擊**，

白壽彝《中國通史》：「黃巢從揭竿而起至失敗身亡，歷時十年之久。他的活動北起山東，南至廣東，西至陝西，轉戰南北，縱橫全國十二省，推動了各地的農民鬥爭，沉重地打擊了唐朝的腐朽統治。」

大唐的統治已經全面**崩潰**……

朱紹侯《中國古代史》：「黃巢大起義之後，唐王朝已名存實亡……在農民大起義的掃蕩下，唐王朝只剩下一個空殼。」

原本用於遏制藩鎮的**中央軍**在平叛中**消耗殆盡**，

軍事科學院《中國軍事通史》：「由於唐廷擁有神策軍這樣一支龐大軍隊，所以，一般藩鎮對之不敢過分睥睨……」「中唐以來唐廷與藩鎮、吐蕃作鬥爭……神策軍的力量不可忽視……在唐末農民起義的打擊下，這支軍隊基本全軍覆滅。」

而各地**藩鎮**則通過鎮壓起義迅速**膨脹**。

韓國磐《隋唐五代史綱》：「由於歷史上已經存在著方鎮割據的局面，加上當前依靠鎮壓起義的武將權力的擴大，於是出現了許多新的方鎮……有『李昌符據鳳翔，王重榮據蒲、陝……皆自擅兵賦，疊相吞噬，朝廷不能制。』」

最終，**中央**能管轄的地方萎縮到**只剩**下**首都**一帶，

軍事科學院《中國軍事通史》：「……光啟元年（885年）唐僖宗從西川回到長安時，能服命者尚有河西、山南、劍南、嶺南西道等數十州。然而不過短短數年時間，『王室日卑，號令不出國門』。」

大唐皇朝再**無力量**對地方進行**約束**。

軍事科學院《中國軍事通史》：「經過唐末農民起義的打擊，唐廷已基本喪失了朝廷的地位，既不能行使行政權，又沒有經濟、軍事力量……」

范文瀾《中國通史》：「八八四年，黃巢起義軍失敗以後，唐朝廷已經是這樣的一個朝廷：第一，大小不等的割據者在全國各地進行混戰，朝廷一概承認強者的行動為合法，加以任命。」

於是乎，朝廷裡的**宦官**和**大臣**兩派

開始各自**依附藩鎮**勢力，

朱紹侯《中國古代史》：「僖宗死後（888年），宦官楊復恭擁立僖宗之弟李曄為帝，是為昭宗。這時宦官與朝官之間的鬥爭愈演愈烈，各自拉攏藩鎮以為援助。」

雙方各自以**藩鎮**為**後盾**，

展開了權力的**爭奪**。

軍事科學院《中國軍事通史》：「隨著農民起義的被鎮壓……統治階級內部相對緩和的矛盾再度被激化。宦官與朝臣之爭，達到了白熱化的程度，他們各自以一些強鎮為後盾，展開你死我活的鬥爭。」

那會兒的大唐**皇帝**完全**淪落**為**「籌碼」**，

《舊唐書．卷二十》：「中尉韓全誨及北司與茂貞相善，宰相崔胤與朱全忠相善，四人各為表裡。全忠欲遷都洛陽，茂貞欲迎駕鳳翔，各有挾天子令諸侯之意。」

今天被這個**劫持**，

崔瑞德《劍橋中國隋唐史》：
「韓建（華州節度使）在富平與皇帝相遇並警告他說，如果他去河東『邊鄙』向突厥人屈服，以後再也回不到京師……於是昭宗在896年陰歷七月十七日到達華州。」

傅樂成《中國通史》：
「李茂貞認為唐室有意對付他，又於三年（896）領兵進逼京師，昭宗逃奔華州，往依韓建，但建暗中與茂貞相結。次年，韓建逼昭宗免除諸王兵權，於是宿衛盡撤，皇弟通王滋等十一人，都為建所殺。」

明天被那個**幽禁**，

《舊唐書・卷二十》：
「（光化三年，即900年）十一月乙酉朔。庚寅，左右軍中尉劉季述、王仲先廢昭宗，幽於東內問安宮……」

反正就是被攆得**到處跑**……

而此時，大臣**提議**向一個喵**求助**，

《新五代史．卷一》：
「唐宦者劉季述作亂，天子幽於東宮。天復元年（901年）正月，護駕都頭孫德昭誅季述，天子復位。」
「自劉季述等已誅，宰相崔胤外與梁交，欲假梁兵盡誅宦者。」

他就是**朱溫喵**。

王仲舉《隋唐五代史》：
「朱溫，宋州碭山（安徽碭山）人。」

朱溫喵原本是**起義軍**那邊的，

《新五代史．卷一》：
「唐僖宗乾符四年（877年），黃巢起曹、濮，存、溫亡入賊中。巢攻嶺南，存戰死。巢陷京師，以溫為東南面行營先鋒使。」

但因被**戳脊梁骨***……

要小心他呀！
渾蛋！
二五仔！
兵權在握，一定背叛啊！

《新五代史．卷一》：
「（中和二年，即882年）溫數為河中王重榮所敗，屢請益兵於巢，巢中尉孟楷抑而不通。」

* 戳脊梁骨：指在背後揭人瘡疤，說他人短處。

於是**「跳槽」**到大唐這邊，

白壽彝《中國通史》：
「（882年）九月，朱溫殺監軍使嚴實……以同州全境降於王重榮。唐僖宗獲悉後大喜過望，立即任命朱溫為左金吾大將軍，充河中行營副招討使，並賜名全忠。」

幫忙打起義軍。

《新五代史．卷一》：
「中和三年（883年）三月，拜全忠汴州刺史、宣武軍節度使……四年，全忠乃自將救犨，率諸鎮兵擊敗巢將黃鄴、尚讓等……巢已敗去，全忠及克用追敗之於鄆城。」

憑借著**超強**的業務**能力**，

朱溫喵迅速**崛起**，

范文瀾《中國通史》：

「八八三年，朱全忠率所部數百人到宣武鎮。在四面都是強藩割據的環境裡，朱全忠勇於作戰，又長於謀略，從弱小的地位逐漸變成強大……」

不僅**加官晉爵**，

白壽彝《中國通史》：

「光啟元年（885）九月，朱溫被加官為檢校司徒、同中書門下平章事為使相，封沛郡侯，食邑千戶。半年後，進封為沛郡王，後又改封吳興郡王，食邑三千戶。」

還通過大量**收編**起義軍**降將**

擴充自己的**隊伍**，

范文瀾《中國通史》：

「八八四年，李克用到河南，黃巢軍被擊敗，起義軍將領紛紛叛變……別將葛從周等多人投降朱全忠。朱全忠是起義軍叛徒的首領，他的割據勢力，主要是依靠這批叛徒建立起來的。」

逐漸有了**爭霸天下**的實力。

朱紹侯《中國古代史》：「藩鎮之間勾心鬥角，互相攻伐，最後只剩下十幾個……其中以朱全忠和李克用的勢力最強。」

在當時，**各藩鎮**之間往往互相**混戰**，

軍事科學院《中國軍事通史》：「唐末農民起義失敗以後，北方藩鎮重新陷入互相攻伐的混戰之中……」

而朱溫喵則**有謀略**得多。

范文瀾《中國通史》：「朱全忠能夠逐漸吞併諸鎮，變成最強的一鎮，是和他的流氓本色分不開的，也就是和他的凶悍狡詐分不開的。」

軍事科學院《中國軍事通史》：「朱全忠精於謀略……」

他總是**先聯合**一批，

應該先揍他！
啊?！

白壽彝《中國通史》：
「黃巢失敗（884年）後，秦宗權稱帝，攻占陝（今三門峽市西）、洛（今洛陽）、懷（今沁陽）……成為朱溫西面的強大對手。」
軍事科學院《中國軍事通史》：
「對付秦宗權時，他（朱溫）聯合了趙犨、朱瑄、朱瑾等鎮……」

去**打**一個，

打完再**聯合**，

我覺得這傢伙也不是啥好東西！
啊?！

軍事科學院《中國軍事通史》：
「光化元年（898年）四月，朱全忠聯合盧龍節度使劉仁恭、魏博節度使羅弘信，進攻李克用。」

再打下一個。

而且他也**不**四處**火拼**，

軍事科學院《中國軍事通史》：「（朱溫）由小到大，由弱變強，不僅兼併了一個又一個藩鎮……其特點大致有如下幾個方面……朱全忠從不四面出擊，也不千里跋涉，借道遠征……」

沒事就先打自己的**「鄰居」**，

軍事科學院《中國軍事通史》：「中和三年（883年）出任宣武節度使。朱全忠以汴州（今河南開封）為基地……」「……（886年）安師儒怠於軍政，為部下所殺，朱全忠趁機派部將朱珍、李唐賓率軍襲擊滑州。」

曹書傑《後梁太祖朱溫大傳》：「安師儒為義成軍節度使，鎮轄滑州、鄭州。二州與汴州接壤……」

以自己的**老巢**為中心，

慢慢**擴張勢力**。

軍事科學院《中國軍事通史》：

「（朱溫）以河南為根本，先吞併鄰道，然後再及其餘。這樣，勝則可以擴充地盤，敗則全師而返，不至於傷及元氣。」

十幾年下來，

朱溫喵逐漸**吞併**了**周圍**的**勢力**。

傅樂成《中國通史》：

「……（883年）唐室又以全忠為宣武節度使（轄今河南省東部、山東省西部、安徽省北部地；治汴州，今河南開封市）。」

軍事科學院《中國軍事通史》：

「（897年）天平、泰寧2鎮覆滅後，淄青節度使王師范勢孤力單，被迫歸附了朱全忠。至此，東方諸鎮全被朱全忠所滅，今河南、山東之地盡歸其所有。」

然而，這並**不能滿足**朱溫喵……

因為他想要的是**天下**！

張岂之《中國歷史．隋唐遼宋金卷》：

「朱溫先削平了秦宗權、劉仁恭等，初步統一了黃河流域，便試圖控制朝廷，取而代之了。」

恰巧這會兒，

朝廷來了**「電話」**，

喂？那個……朱總，想請您幫個忙。

傅樂成《中國通史》：

「(901年) 崔胤以宦官終為腋肘之患，想把他們完全消滅……他建議昭宗盡誅宦官，並秘密準備一切，以待時機……崔胤密致朱全忠一信，稱得昭宗密詔，命他以兵迎車駕……」

這下**機會來了**！

朱溫喵帶著軍隊迅速**趕往京城**，

《舊唐書．卷二十》：
「（天復元年，即 901 年）宰相崔胤令戶部侍郎王溥至赤水砦，促全忠以兵迎駕。戊午，全忠自赤水趨長安……」

原來此時的**朝廷**已經亂成**一鍋粥**……

皇帝被宦官和其他藩鎮所**劫持**，

朱紹侯《中國古代史》：
「天復元年（901 年），宦官韓全誨勾結鳳翔節度使李茂貞……韓全誨搶先下手，逼昭宗出長安至鳳翔，投依李茂貞……」

他們想著**號令天下**。

張豈之《中國歷史·隋唐遼宋金卷》：「宦官韓全誨掌權，與李茂貞勾結，想把昭宗劫持到鳳翔，挾天子令諸侯。」

可你要知道，朱溫喵是那麼**好對付**的嗎？

《新五代史·卷一》：「（天復二年，即902年）四月，友寧引兵西，至興平，及李茂貞戰於武功，大敗之。王（朱溫）兵犯鳳翔，茂貞數出戰，輒敗，遂圍之。」

他一到，其他藩鎮就**不行了**……

白壽彝《中國通史》：「天復二年，朱溫在一度返回河中之後再次圍攻鳳翔，多次擊敗李茂貞。前來救助李茂貞的鄜坊節度使李周彝也被攔截而歸降朱溫。」

【第一百零一回 盛唐終聲】

只好乖乖把皇帝交了**出來**。

范文瀾《中國通史》：
「九〇二年，朱全忠率大軍到鳳翔城下……李茂貞困守孤城，毫無出路，只好向朱全忠求降。條件是送出唐昭宗和殺死宦官。朱全忠接受他的投降。」

《資治通鑑．卷二六三》：
「鳳翔軍進退失據，自蹈藉，殺傷殆盡。茂貞自是喪氣，始議與全忠連和，奉車駕還京……」

這**皇帝**在手，

天下我有！

白壽彝《中國通史》：
「朱溫挾昭宗回長安，昭宗從此成了他的傀儡。昭宗也深知自己的境遇……因此他對朱溫唯命是從。」

朱溫喵終於開始為稱帝**掃清道路**。

《資治通鑑．卷二六四》：
「初，崔胤假朱全忠兵力以誅宦官，全忠既破李茂貞，併吞關中，威震天下，遂有篡奪之志。」

西元903年，
朱溫喵**處死**700多名**宦官**，

結束了**宦官專權**的局面。

白壽彝《中國通史》：
「天復三年（903）正月……朱溫殺第五可範等宦官700多人。唐代中期以來長期專權的宦官勢力受到了徹底的打擊。」

西元904年，**謀殺皇帝**，

《舊唐書．卷二十》：
「（天祐元年，即904年）八月壬辰朔。壬寅夜，朱全忠令左龍武統軍朱友恭、右龍武統軍氏叔琮、樞密使蔣玄暉弒昭宗於椒殿。」

把持了中央**皇權**。

傅樂成《中國通史》：
「（朱溫）派人弒昭宗，廢太子裕而立昭宗的另一兒子輝王祚，更名曰柷（柷），是為哀帝，年僅十三歲……此後唐室中央政權，便直接操在朱全忠以及他的部將和幕僚手中。」

到公元905年，
又將30多名大臣**誅殺**，

《資治通鑑．卷二六五》：「（天祐二年，即905年）全忠聚樞等及朝士貶官者三十餘人於白馬驛，一夕盡殺之，投屍於河。」

從此**朋黨之爭**的歷史也宣告**完結**。

軍事科學院《中國軍事通史》：「朱全忠在滑州（治今河南滑縣東）白馬驛把裴樞為首被貶朝臣共30餘人，全部殺死……隨著大批朝臣的被殺逐，『朋黨之爭』至此結束。」

宦官、朋黨、皇帝，
最終都**被藩鎮**所**消滅**。

西元907年，朱溫喵**正式稱帝**，

《資治通鑑．卷二六六》：

「（後梁開平元年，即907年）張文蔚、楊涉乘輅自上源驛從冊寶，諸司各備儀衛鹵簿前導，百官從其後，至金祥殿前陳之。王（朱溫）被兗冕，即皇帝位。」

國號**「大梁」**。

白壽彝《中國通史》：

「天祐四年（907）四月，朱溫在表面上由唐宰相張文蔚率百官勸進之後，正式稱帝，更名為朱晃，廟號太祖。改元開平，國號大梁，史稱後梁。」

歷經289年的**唐朝正式完結**，

朱紹侯《中國古代史》：「自618年建國，到907年滅亡，唐朝歷時289年。」

這個曾經在**廢墟中**建立起的**帝國**，

翦伯讚《中國史綱要》：「唐朝初年，社會經濟凋敝……黃河下游地區，『萑莽巨澤，茫茫千里，人煙斷絕，雞犬不聞。』」

在經歷了盛世的**榮光**之後，
最終也在廢墟中**結束**。

白壽彝《中國通史》：「公元907年，在長時期的藩鎮割據、朋黨之爭、宦官專權中，曾經盛極一時的唐朝，終於為後梁政權所取代。」

然而，代唐而立的大梁並沒有**統一天下**，

傅樂成《中國通史》：

「梁雖然推翻唐室，卻無法取代它的共主地位，更談不到恢復盛唐時代的功業與榮譽。」「梁的政府，又是以軍人為主體的藩鎮型政府，缺乏宏遠的建國規模與計劃。因此梁帝國始終只能保持一個割據局面，其政權也不穩固……」

各地**藩鎮**紛紛趁機**割據自立**。

白壽彝《中國通史》：

「晉王李克用、岐王李茂貞、弘農郡王（吳王）楊渥、蜀王王建等，不承認梁朝，仍用唐年號；次年，王建也稱帝，建立前蜀政權……幽州劉守光不久也稱帝，建立燕國。連同後梁，同時並存的共有十個割據政權。」

混沌**分裂**的時代**再次降臨**，

韓國磐《隋唐五代史綱》：

「……是中國歷史上一個紛擾割裂的時期，是從唐朝後期藩鎮割據的局面發展而來，是方鎮割據進一步發展的結果。」

傅樂成《中國通史》：

「……是一個大動亂時代，也是唐宋之間的大分裂時代。」

那麼華夏大地又將發生什麼**新的故事**呢？

（且聽下回分解。）

編者按

縱覽唐朝歷史，李氏一族一開始接過的是一個長期遭受戰亂、民不聊生的爛攤子，經過幾代人的努力，才成就了「貞觀之治」「開元之治」的繁榮局面，直到安史之亂擊碎了大唐的盛世。此後，藩鎮林立於各地，戰火不斷，宦官專權與朋黨之爭又進一步削弱了中央的力量，唐朝在無窮無盡的爭鬥中走到了終點。然而，唐朝在最後的二十幾年裡，仍是名義上的天下共主，因此各個藩鎮都想挾天子以令諸侯，來獲得正統地位。富於謀略又勇於作戰的朱溫則在群雄中崛起，成了這場角逐最後的勝利者。但他的弒君行為終究讓他背上罵名，他所建立的後梁也無法獲得所有軍閥的承認。當各個軍閥紛紛自立，華夏大地的分裂就不可避免了。

朱溫——瓜子（飾）

參考來源：《舊唐書》、《新五代史》、《資治通鑑》、白壽彝《中國通史》、范文瀾《中國通史》、傅樂成《中國通史》、翦伯讚《中國史綱要》、朱紹侯《中國古代史》、韓國磐《隋唐五代史綱》、崔瑞德《劍橋中國隋唐史》、軍事科學院《中國軍事通史》、張豈之《中國歷史．隋唐遼宋金卷》、曹書傑《後梁太祖朱溫大傳》、王仲犖《隋唐五代史》

【過河拆橋】

朱溫派手下幹掉皇帝後，
反以為皇帝報仇作藉口，
把替自己辦事的手下殺了。

【影帝】

朱溫演技很好，
他從別的藩鎮手裡搶到皇帝後，
不僅親自給皇帝帶路，
還邊走邊哭，
一度讓別人以為他是個忠臣。

我哭了

我裝的

【迫不及待】

朱溫掌權後急著稱帝，
他甚至因為手下給他安排的
稱帝程序太複雜，
一怒之下把他們都幹掉了。

花卷小劇場

《打遊戲》

啊……我輸啦……
哈哈哈哈！要贏我還早100年！

瓜子你好棒！我也想跟你一樣強！

給！
你你你……幹嘛啊？

幫我充進去。
誰告訴你這個可以充錢！

《如果我是普通喵》

我年紀輕輕就擁有百億資產……
眼前這條商業街都是我的……

有時我也在想，如果我是個普通喵……
那我的生活會怎樣呢？

嗯……

唉，我實在想像不到窮喵的生活是怎樣的。
這也許是我的宿命吧……

花卷

獅子座

生日：8 月 15 日

身高：179 公分

喜歡的中式菜餚：番茄炒蛋

喜歡的動物：大熊貓

（花卷擬人介紹）

花卷的水晶球
Huajuan's crystal ball

下回再見！

第一卷
《如果歷史是一群喵1．夏商西周篇》

第二卷
《如果歷史是一群喵2．春秋戰國篇》

第三卷
《如果歷史是一群喵3．秦楚兩漢篇》

第四卷
《如果歷史是一群喵4．東漢末年篇》

第五卷
《如果歷史是一群喵5．亂世三國篇》

第六卷
《如果歷史是一群喵6．魏晉南北篇》

第七卷
《如果歷史是一群喵7．隋唐風雲篇》